Mit allen Sinnen

Selbstbewusst und mutig

Das muss ich können
Mein Fit-für-die-Schule-Buch
Sammelband der Reihe „spielen & lernen“

SPIELEN & LERNEN

Velber Verlag

Coverillustration: Melanie Garanin
Jllustrationen: Ulrike Baier (40-47), Antje Bohnstedt (58-67, 82-87, 108-109), Pia Eisenbarth (28-39), Melanie Garanin (8-11, 14-19, 24-27, 48-57, 68-77, 92-95), Ulla Häusler (12-13, 78-81), Sigrid Leberer (20-23), Barbara Stachuletz (96-103), Mechthild Weiling-Bäcker (88-91, 104-107).

Reihenkonzept und Text: Astrid Hille & Dina Schäfer
Redaktion: Angelika Strub
Grafik: Anja Schmidt
Repro: Baun PrePress, Fellbach
Druck und Bindung: Zanardi Gruppe, Jtalien
JSBN-10: 3-86613-532-7
JSBN-13: 978-3-86613-532-1 (ab 1.1.2007)

velber

SPIELEN & LERNEN

Das muss ich können

Mein Fit-für-die-Schule-Buch

Astrid Hille & Dina Schäfer

Inhalt

KRAUSE

Prinzessin Redeviel

Es war einmal eine kleine Prinzessin, die war wunderschön, doch auch sehr stolz. Und sie hatte eine schreckliche Angewohnheit: Sie redete gern und viel. Sie redete so viel, dass sie sogar ihre eigenen Fragen selbst beantwortete. Denn zum Zuhören hatte die Prinzessin keine Lust.
Deswegen wurde sie von allen am Hofe „Prinzessin Redeviel“ genannt. Jedermann ging ihr aus dem Weg. Aber das bemerkte die Prinzessin nicht. Sie redete immer weiter.

Sogar der Hofhund jaulte kläglich, wenn die Prinzessin schwatzend an seiner Hütte vorbeikam.

Doch eines Morgens erwachte die Prinzessin und hatte wie durch Zauber die Stimme verloren. Außer heiserem Krächzen bekam sie keinen Ton heraus. Die Nachricht verbreitete sich wie ein Lauffeuer und alle waren froh über die Ruhe, die sich über das Schloss legte. Alle – außer der Prinzessin. Der heiße Tee, den man ihr brachte, schmeckte scheußlich, aber ihr fehlten die Worte um sich zu beschweren. Außerdem fühlte sie sich schrecklich einsam. Sie vermisste den Klang ihrer Stimme. So lief sie ziellos im Schloss umher, bis sie schließlich zu einer Kammer kam, wo eine alte Frau den Hofkindern Geschichten von kühnen Rittern vorlas.

Neugierig setzte sich die Prinzessin dazu. Die alte Frau sprach langsam und ganz deutlich. Manchmal machte sie kleine Pausen und besonders aufregende Stellen untermalte sie mit den Händen. Wie spannend das war! Die alte Frau erzählte wunderbar, und zum ersten Mal in ihrem Leben erkannte die Prinzessin, wie schön es war zuzuhören. Sie war so gefesselt, dass sie gar nicht bemerkte, wie die Zeit verging.

Am Abend, beim königlichen Nachtmahl, fragte die Königin ihre Tochter, was sie den Tag über erlebt habe. Die Prinzessin begann mit Händen und Füßen die Geschichte vom tollpatschigen Ritter Kunibert vorzuspielen, die sie von der alten Frau gehört hatte.

Nach und nach verstummten die Gespräche an der großen Tafel und alle achteten nur noch auf die Prinzessin, die so lustig vorspielte, dass sich bald jeder vor Lachen den Bauch hielt. Als die Prinzessin sich für den Applaus bedanken wollte, konnte sie plötzlich wieder sprechen.

Von nun an gab es jeden Abend zum Nachtmahl ein lustiges Hoftheater, mal mit und mal ohne Worte. Die kleine Prinzessin spielte immer begeistert mit und den Namen „Prinzessin Redeviel“ hat sie seitdem nie wieder gehört.

Sabine Streufert

Spannung!

● Prinzessin Redeviel war plötzlich heiser und konnte nicht mehr sprechen. Das war schlimm für sie. Aber als die alte Frau so spannend erzählte, gefiel ihr auch das Zuhören. Am Abend spielte sie die Geschichte vom tollpatschigen Ritter vor. Die Hofgesellschaft war begeistert, wie gut die Prinzessin mit Händen und Füßen erzählte – und das ohne Worte.

• Versuch es auch mal. Einer liest die Geschichte vom tollpatschigen Ritter Kunibert und du spielst sie mit Händen und Füßen.

Der tollpatschige Ritter

Stolz reitet Ritter Kunibert auf seinem Esel durchs Tal. Als der Weg sich gabelt, bockt der Esel und bleibt stehen. So schiebt ihn der Ritter zum Schloss. Endlich sind sie da, der edle Ritter steigt die Treppe zum Tor hinauf, übersieht den schlafenden Hofhund, stolpert und stößt mit dem Kopf gegen die Tür. Schimpfend reibt er sich die Stirn. Dabei fällt ihm der Helm herab. Wütend gibt der Ritter ihm einen Tritt, da fliegt der Helm in hohem Bogen in einen Baum. Mutig klettert Kunibert hinterher. Doch als er nach unten schaut, fängt er an zu zittern. Mit letzter Kraft packt er den Helm, dann fällt er vom Baum und landet auf dem Po. Aber er rappelt sich auf und tut, als wäre nichts passiert. Er steigt auf den Esel und reitet pfeifend davon.

Die Prinzessin hörte der Vorleserin gebannt zu. Wie erzählt man so spannend, dass alle gerne zuhören? Es kommt nicht nur auf die Geschichte an, sondern auch auf die Stimme, die Handbewegungen, den Gesichtsausdruck, die Körperhaltung.

Heut spiel ich mit dem roten Ball – und plötzlich gibt es einen Knall.

- Sprich diesen Satz vor einem Spiegel mit unterschiedlichen Bewegungen und Betonungen. Es wirkt jedes Mal anders.

- Zuerst sprichst du wie eine Hexe. Stell dir vor, wie die Hexe dasteht, was für ein Gesicht sie macht und wie sie ihre Hände dazu bewegt.

- Dann sprichst du diesen Satz wie ein würdevoller König ... ein strenger Polizist ... ein lässiger Rockstar ... eine feine Dame. Wie spricht die Klatschtante oder ein aufgeregter Zwerg?

- Wie kannst du den Satz noch sprechen? Wen stellst du dar?

- Probier es auch einmal ohne Gesten mit einem starren Gesicht in stocksteifer Haltung.

- Und nun ganz leise ... oder auch ganz laut.

- Was hat dir am besten gefallen?

1. Spielend sprechen: Fantastisch!

Märchenhaft

- Schau dir die Bilder genau an. Kannst du erzählen, was du hier siehst?

- Wie gefallen dir die Geschichten?

1. Spielend sprechen: Erzähl!

Alarm im Museum

● Detektiv Schlapphut ist gefragt. Die Alarmglocke im Museum klingelt. Was ist passiert? Zum Glück hat Knut Knubbelnase mit seinem neuen Fotoapparat Schnappschüsse gemacht. Findest du die richtige Reihenfolge der Bilder? Dann ergeben die Buchstaben ein Wort. Kannst du Detektiv Schlapphut jetzt sagen, was passiert ist?

Verrückte Welt?

● Wenn du gut zuhörst, kannst du diese Fehlergeschichte sicher richtig erzählen. Oder gefällt sie dir so auch?

Fritz und Tom

Früh am Morgen, als die Sonne untergeht, kräht der Wecker.
Schnell schlüpft Tom aus seinen Kleidern und läuft die Treppe rauf. Unten auf der Straße setzt er die Sonnenbrille auf, denn der Regen prasselt stark. Jn aller Ruhe rennt er zum Spielplatz, um seinen Freund Fritz nicht zu treffen.
Fritz sitzt im Sandkasten und buddelt einen Tunnel tief über der Erde. Tom setzt sich unter die Schaukel und rutscht rauf und runter. Dann kriegen die beiden Hunger. Sie packen ihr Frühstück ein und essen den ganzen Saft auf. Die Sonne scheint von einem schönen grauen Himmel. Tom ist es zu warm. Er zieht seine Schihose an und geht zum Plantschbecken.
„Komm her, Fritz, hier können wir unsere Autos fliegen lassen!“, ruft er und setzt sich in das eiskalte Wasser. Die beiden hüpfen wie Fische im Wasser herum und bespritzen sich, bis sie trocken sind.
Am Abend geht Tom zum Mittagessen nach Hause. Danach schlüpft er in seinen Badeanzug und geht ins Bett.
„Licht an und guten Morgen!“, ruft Papa.

Nur, wenn keiner guckt

„Du singst doch gerne“, sagt Mama zu Sandra. „Magst du an Opas Geburtstagsfest was vorsingen ... als Überraschungsgeschenk? Opa würde staunen!“
Sandra überlegt. Klar singt sie gerne, wenn sie alleine ist – beim Spielen, auf dem Schulweg oder in der Badewanne. Aber vor anderen Leuten? Zögernd antwortet sie: „Nur, wenn keiner guckt!“
„Wie soll das gehen?“, fragt Mama. „Opa hat alle Verwandten eingeladen und seine Freunde.“
„Jch weiß, wie“, sagt Sandra und sie flüstert Mama ins Ohr, was sie sich ausgedacht hat.
Mama lacht. „Warum nicht?“

Bei der Geburtstagsfeier sind eine Menge Gäste da. Zusammen mit Opa sitzen sie an einem langen Tisch, essen und trinken und reden über alte Zeiten. Sandra hört kaum hin. Sie hat Lampenfieber. Gleich singt sie das Geburtstagslied. Als Mama ihr zunickt, wird Sandra rot.

„Also los!“, denkt sie und gibt sich einen Ruck. Sie geht langsam aus dem Zimmer, lässt die Tür einen Spalt offen, stellt sich dahinter und ruft: „Jetzt!“

Wie abgemacht, kündigt Mama das Lied an. Auf einmal sind alle still. Sandras Herz klopft wild. Sie holt tief Luft und fängt an zu singen. Doch aus ihrem Mund kommt nur ein schwacher Piepston. Ach du Schreck! Sandra räuspert sich verdattert. Aufgeregt versucht sie es noch einmal. Jetzt ist ihre Stimme kräftiger. Aber ganz zittrig. Trotzdem singt Sandra weiter.
Sie will Opa nicht enttäuschen.
Plötzlich verstummt Sandra. Sie weiß den Text nicht mehr! Sie hat ihn vergessen! Vor Scham möchte sie am liebsten im Boden versinken. Oder sich in Luft auflösen. Verzweifelt schluchzt sie leise. Da kommt Mama und will sie trösten.
„Lass mich!", heult Sandra und rennt weg. Zum Glück läuft Mama nicht hinterher. Missmutig hockt Sandra sich unter die Treppe. „Bestimmt machen sich alle lustig über mich!", denkt sie. Neugierig schleicht sie zur Tür und lauscht. Aber keiner lacht. Die Leute unterhalten sich wie vorher.
„So schlimm wars wohl gar nicht", überlegt Sandra. „Dann zeig ich jetzt, dass ich es doch kann!"
Trotzig reißt sie die Tür weit auf. Alle blikken Sandra erstaunt an. Das ist ihr nun egal. Sie macht einfach die Augen zu

und singt los. Richtig laut vom Anfang bis zum Ende. Ohne Stocken.
Als sie fertig ist, schaut sie erleichtert in die Runde. Jeder klatscht begeistert. Und Opa nimmt Sandra in die Arme und sagt: „Das war ja eine tolle Überraschung!"
Sandra grinst verlegen. „Eine Überraschung mit Anlauf!"

Eva Karnetzky

So werde ich ein kleiner Star

● Sandra ist sehr aufgeregt vor ihrem Auftritt. Vor lauter Lampenfieber versagt ihre Stimme und dann vergisst sie auch noch den Text.

Gegen Lampenfieber kannst du eine Menge tun. Wichtig ist eine gute Körperhaltung und eine kräftige Stimme. Wenn du beides trainierst, kriegst du das Lampenfieber in den Griff.

● Zuerst machst du eine Lockerungsübung:

- Die Füße stehen fest auf dem Boden, etwa hüftbreit auseinander, die Knie sind leicht gebeugt.
- Dann hebst du beim Einatmen die Schultern bis zu den Ohren ...
- ... und beim Ausatmen lässt du sie wieder fallen.
- Das machst du ein paar Mal hintereinander.

- Nun ballst du beim Einatmen die Fäuste und spannst deinen ganzen Körper an, bis du zitterst.
- Beim Ausatmen öffnest du die Fäuste und entspannst dich.
- Das machst du dreimal hintereinander. Wie fühlt sich dein Körper jetzt an?

● Als nächstes trainierst du die Stimme:

- Leg die Hände auf den Brustkorb, atme tief ein. Spürst du, wie dein Brustkorb weit wird?
- Beim Ausatmen lässt du die Luft langsam mit einem kräftigen, mutigen A entweichen. Wie lange reicht die Luft? Je länger, umso besser.
- Dann stellst du dich vor einen Spiegel und sprichst ganz übertrieben: a, e, i, o, u. Du kannst dazu Grimassen machen.
- Danach versuchst du, zur Entspannung zu gähnen. Dabei stellst du dir vor, du hättest eine große Kugel aus Luft im Mund.
- Das Ganze kannst du immer wieder mal üben.

Bella Jtalia

Papa studiert am Strand die Landkarte. „Und wo sind wir?“, fragt Kai.
„Hier!“, sagt Papa und zeigt mit dem Finger auf einen Punkt in Jtalien.
„Wir machen ja Urlaub auf einem Stiefel!“, stellt Kai vergnügt fest.
„Stimmt“, sagt Papa und schmunzelt.
„Na zum Glück nicht **in** einem Stiefel!“, kichert Kai.
Dann rennt er ans Wasser. Er will einen Hafen bauen. Eifrig gräbt Kai mit seiner Schaufel im Sand. Er ist sehr beschäftigt und merkt gar nicht, dass ihm ein Junge zusieht. Erst als Kai aufschaut, sagt der Junge etwas auf italienisch. Kai versteht kein Wort. „Was hast du gesagt?“, will er wissen.
„Kann ich mitspielen?“, fragt der Junge diesmal auf deutsch. „Jch heiße Tonio.“ Kai freut sich. „Ja, klar!“, sagt er. „Jch bin Kai.“ Er gibt Tonio die Schaufel und buddelt mit den Händen weiter. Danach klopfen sie den Sand fest und ziehen eine Rinne zum Meer. Als das Wasser langsam in den Hafen läuft, grinsen sie sich an.

„Bist du von hier?“, fragt Kai.
Tonio nickt.
„Und woher kannst du Deutsch?“, erkundigt sich Kai.
„Wir haben ein paar Jahre in Deutschland gewohnt“, antwortet Tonio.
„Jch kann auch Jtalienisch“, sagt Kai. „Pizza, spaghetti ... und gelato. Das heißt Eis.“
Tonio lacht. „Jch weiß.“ Dann schlägt er vor: „Bauen wir im Wasser ein Haus! Auf Holzstützen wie in Venedig.“
„Funktioniert das?“, wundert sich Kai.
„Ja“, sagt Tonio und klingt überzeugt.
Kai glaubt es nicht so recht. Trotzdem sucht er mit Tonio Holzstöcke und ein kleines Brett. Die Stöcke bohren sie in den Sand, obendrauf legen sie das Brett und formen aus feuchtem Sand ein Haus.
„Fertig!“, sagt Tonio und strahlt. Bis eine große Welle kommt. Schwupps, reißt sie das Bauwerk ein.
„Jch hab‘s doch gewusst!“, brummt Kai.
Tonio ist auch enttäuscht. „Aber in Venedig gibt es das!“, sagt er.
Dann muss er leider nach Hause. Seine Mama ruft zum Mittagessen und danach ist Siesta.
Kai läuft zu Papa, der immer noch vor der Landkarte sitzt. „Kennst du Venedig und die Häuser auf Holzpfählen?“

1. Spielend sprechen: Wie sagst du dazu?

„Noch nicht“, sagt Papa. „Aber schau, da können wir morgen hinfahren.“
Am nächsten Tag in Venedig staunt Kai. Die Gebäude sind viel größer, als er gedacht hat. Und zwischen vielen Häuserreihen gibt es keine Straße, nur Wasser. Da müssen die Leute mit Booten und Gondeln fahren. So wie Kai und Papa.

Als sie näher an die Häuser herankommen, erkennt Kai es genau: Sie stehen wirklich auf dicken Holzstämmen! Nachdenklich fragt er: „Eine Welle wirft **die** Häuser nicht um, oder?“
Papa schüttelt den Kopf. „Das müsste schon eine sehr große sein.“
„Klar!“, sagt Kai und nickt. „Eine riesengroße!"

Eva Karnetzky

„Bello“ heißt nicht Hund

● Viele Leute fahren im Urlaub nach Jtalien. Was sie an diesem Land mögen, kannst du in einer Umfrage herausfinden. Nimm einen Kassettenrekorder und stelle Verwandten, Nachbarn und Freunden die Frage: Was fällt dir ein, wenn du an Jtalien denkst? Welche Antwort hörst du besonders oft? Kannst du dir das Land vorstellen?

● Bei uns gibt es viel Jtalienisches: Fast jede Stadt hat ein italienisches Eiscafé oder eine Pizzeria. Gibt es auch bei euch italienische Geschäfte?
Kennst du ihre Namen?

● Verstehst du Jtalienisch?
Bello heißt nicht Hund, sondern schön.
Salata mista ist kein Mistsalat, sondern gemischter Salat.
Cozze ist nicht das, was du denkst, sondern Muscheln.
Latte heißt nicht Holzstab, sondern Milch.
Caldo ist nicht kalt, sondern heiß.
Dov'è Mama heißt nicht doofe Mama, sondern: Wo ist Mama?

1. Spielend sprechen: Wie sagst du dazu?

Gutgut

● Es ist lustig, wie viele verschiedene Ausdrücke es für Bonbons gibt. Das Wort Bonbon kommt aus dem Französischen und heißt „gutgut". Auch im Südwesten von Deutschland findet man Bonbons gut und sagt dazu Gutzele. Jn anderen Gegenden mögen die Kinder Bonsches, Klümpchen und Mocken. Jn der Schweiz sagt man Leckerli und in Jtalien Caramella.

• Was sagst du dazu?

• Wie könnte man Bonbons noch nennen? Denk dir verrückte Wörter aus wie süße Schleckschmulzen, dropsige Gaumenklemmer, zuckrige Zungenbollen.

• Vielleicht kennst du Kinder aus anderen Ländern. Frag sie, was sie zu Bonbons sagen. Wenn sie dich nicht verstehen, schenkst du ihnen ein Bonbon und versuchst herauszufinden, wie sie es nennen.

● Spannend ist es, wenn du Ferien in einem fremden Land machst und neue Wörter lernst. Frag ein holländisches, italienisches oder türkisches Kind, was es zu Badeanzug, Sandeimer, Eis oder Sonnenschirm sagt.

● Jn jeder Sprache gibt es Wörter aus fremden Sprachen: Unser Wort Pullover kommt aus England und heißt direkt übersetzt „zieh über“. Auch Sweatshirt ist englisch und heißt „Schwitzhemd“. Jst es nicht witzig, wenn du morgens deinen Ziehüber suchst und Papa sein Schwitzhemd anzieht?

• Es macht Spaß, sich solche Wörter auszudenken und eine eigene Sprache zu erfinden.
Ein Hut könnte ein „runder Obendrauf-auf-dem-Kopf“ sein. Ein großer Hund könnte „Lastwauwau“ heißen, eine Hose „Zieh-übers-Bein“ und ein Koffer „Stopf-was-rein“ …
Hier siehst du Dinge, die du auch lustig beschreiben kannst.

Reporter unterwegs

● Auf diesem Bild passiert ganz viel. Du bist als Reporter unterwegs und berichtest fürs Kinderradio. Nimm einen Kassettenrekorder und ein Mikrofon und beginne mit deiner Reportage. Beschreibe alles, was der Reporter auf dem Weg vom Funkhaus zum Zoo sieht.

• Wenn du alles beschrieben hast, hörst du dir deine Reportage an. Wie gefällt sie dir? Hast du deutlich gesprochen, oft „ähm" gesagt, viele Pausen gemacht? Vielleicht willst du es nochmal probieren.
Wenn du zufrieden bist, kannst du dir auch Zuhörer suchen. Können sie sich ohne das Bild vorstellen, was du beschreibst?

ZOO

Gute Geschäfte

„So, das wäre geschafft!“ Max legt die letzten Tannenzapfen an ihren Platz. „Nun können die Kunden kommen.“ Mit Sara und der Waldspielgruppe „Kleine Räuber“ hat er einen langen Ausflug durch den Forst gemacht. Allerhand tolle Sachen haben sie gesammelt. Damit wollen sie nun auf einer Wiese Verkaufen spielen. Neben großen und kleinen Tannenzapfen liegen Eicheln, Bucheckern, Kastanien und schöne Federn fein säuberlich aufgereiht auf dem Gras. Sogar ein altes Vogelnest ist dabei. Lea und Conni sind die ersten Kunden. „Oh, das sind ja tolle Federn. Und die schönen Tannenzapfen! Wie viel kosten die denn?“, will Lea wissen. „Die kleinen Zapfen und die Taubenfedern kosten zwei kleine Kiesel, die großen Zapfen kosten drei kleine Kiesel.“ Max kennt sich mit Preisen aus, schließlich hat sein Vater einen Gemüseladen.
„Na gut.“ Lea gräbt vier Kieselsteine aus ihrer Jackentasche. „Dann nehme ich zwei kleine Zapfen.“
Conni kauft für sechs kleine Kiesel drei Taubenfedern.
Das Geschäft läuft gut. Viele Kinder drängen sich um den „Verkaufsstand“, und nach zehn Minuten haben Max und Sara schon vierundzwanzig kleine Kieselsteine eingenommen.
Da kommt Phillip herangeschlendert. Er möchte das Vogelnest kaufen und gibt Max dafür zwei große Kiesel. „Das kostet aber drei große Kiesel“, sagt Max bestimmt. „Zwei Kiesel sind zu wenig!“
Phillip beginnt zu weinen. Er hat nur zwei große Kiesel, möchte das Nest aber trotzdem so gern kaufen.

Max gibt nicht nach. Er erklärt Phillip, dass große Dinge auch großes „Geld" kosten.
Schniefend setzt sich Phillip auf die morsche Bank am Rand der Wiese und schmollt. So eine Gemeinheit, denkt er. Die wollen mich bloß nicht mitspielen lassen.
Plötzlich hat er eine Jdee! Er springt auf und verschwindet hinter einem Haufen gesägter Baumstämme.
Bei Max und Sara gehen inzwischen die Geschäfte weiter. Lukas kauft für fünf kleine Kiesel zehn Eicheln. Er will sie gerade in seine Brottasche stecken, als Phillip schnaufend an ihm vorbeistolpert und ihm fast die Eicheln aus der Hand schlägt.
„Hallo, Phillip!", sagt Max höflich.
„Und? Hast du jetzt drei große Kiesel dabei?"
„Nö, ich habe etwas viel Besseres!"
Phillip lässt einen kleinen Felsbrocken vor Max auf den Boden plumpsen und grinst verschmitzt.
„Damit kaufe ich gleich den ganzen Laden!"

Sabine Streufert

2. Zahlenspaß: Wie viel?

Waldschätze

- Die Kinder von der Waldspielgruppe haben im Wald tolle Sachen gesammelt. Magst du auch Sachensucher im Wald oder Garten spielen? Dann nimm dir einen Korb und sammle viele Kastanien, Eicheln, Stöckchen, Steine, Blätter, Tannenzapfen oder Federn.

- Jetzt hast du einen ganzen Korb voller Waldschätze und kannst sie sortieren.

- Du legst alle Blätter zusammen, dann alle Stöckchen und was du sonst noch so gesammelt hast. Wovon hast du am meisten gefunden?

- Lege nun von jeder Sorte immer zehn Stück in eine Reihe.

Mit den sortierten Waldschätzen kannst du ein Schneckenbild legen. Bevor es losgeht, suchst du für den Kopf den größten Stein und für die Fühler die größten Stöcke aus und legst sie beiseite.
Beginne nun mit dem Schneckenhaus. Am besten fängst du mit einem kleinen Blatt in der Mitte an. Dann nimmst du aus jeder Reihe ein Teilchen und legst sie im Kreis um das Blatt herum – und immer so weiter, bis von den Zehnerreihen nichts mehr übrig ist.
So entsteht ein lustiges Muster. Zum Schluss nimmst du den Schneckenkopf und setzt ihn vor das Schneckenhaus. Du kannst noch Augen und einen Mund darauf malen.
Dann legst du die Fühler dazu – und fertig ist dein Schneckenbild!

Der Meisterwerfer

Tom und sein Freund Jannis spielen im Garten. Auf einmal finden sie im Blumenbeet einen alten Tennisball.
„Wer kann am weitesten werfen?“, ruft Tom, und schon schleudert er den Ball über die Wiese. Beim alten Nussbaum hopst der Ball ins Gras und rollt dann noch ein bisschen weiter.
„Pah, das waren ja noch nicht mal fünf Meter“, sagt Jannis abfällig.
„Waren es doch“, sagt Tom. „Acht Meter mindestens.“ Und dann rennt er ins Haus und holt Papas großes Maßband. Damit kann er umgehen, denn letzte Woche hat er mit Papa den neuen Teppich ausgemessen.
Jetzt misst er zusammen mit Jannis die Strecke vom Blumenbeet bis zum Nussbaum.
„Acht Meter“, sagt Tom triumphierend, „da staunst du, was? Hier, du bist dran.“
Tom wirft seinem Freund den Ball zu.
„Und jetzt seht ihr den Meisterweitwerfer von Solmhausen“, prahlt Jannis, verbeugt sich zu allen Seiten und wirft Kusshändchen, als würde er von einer riesigen Zuschauermenge bejubelt.
Dann packt er den kleinen gelben Ball

und wirft mit voller Kraft. Doch irgendwas läuft schief. Der Ball rutscht ihm viel zu früh aus der Hand und fliegt hoch in die Luft. Er berührt ganz leicht die Regenrinne des Hauses, saust wieder runter und schlägt kurz vor ihren Füßen im Gras auf. Dann hopst er noch ein paar Mal im Zickzack hin und her und bleibt endlich liegen.
„Na, dann wollen wir mal messen“, sagt Tom und grinst. Mit dem Maßband misst er den Abstand von Jannis bis zu der Stelle, wo der Ball aufgeschlagen ist. „Genau ein Meter, Herr Meisterweitwerfer von Solmhausen“, prustet er.
Jannis steht da und sagt kein Wort. Mit finsterem Blick schaut er seinen Freund an. Dann hellt sich seine Miene auf. „Okay, weit war es nicht. Aber dafür hoch. Bis zur Regenrinne habe ich geworfen, das waren bestimmt zehn Meter oder noch mehr.“ Jannis strahlt schon wieder über das ganze Gesicht.
Da kommt Toms Vater in den Garten. „Papa, wie viele Meter sind es bis zur Dachrinne?“, ruft Tom ihm zu.
„Genau acht Meter", antwortet der Vater, und als er das Maßband sieht, fügt er noch hinzu: „Aber bitte nicht nachmessen.“

2. Zahlenspaß: Wie lang?

Ein Maßband aus Stoff

Tom und Jannis haben mit Papas Maßband gemessen. Möchtest du auch Dinge ausmessen? Dann kannst du dir ein Maßband basteln. Dafür brauchst du ein Metermaß, alten Stoff, zum Beispiel ein altes Tischtuch oder Bettlaken, eine Schere und Filzstifte.

Das Metermaß findest du sicher im Werkzeugkasten.
Lass dir zeigen, wo die 1-Meter-Markierung ist. Lege nun das Metermaß auf den Stoff und schneide einen Streifen aus, der ungefähr so breit wie deine Hand und genau 1 Meter lang ist.
Dabei kann dir deine Mama oder dein Papa sicher helfen.

- Jetzt kannst du deinen Schuh abmessen. Beginne unten am Streifen. Du markierst mit Filzstift die Stelle auf deinem Stoffband und malst dort einen kleinen Schuh hin. Genauso machst du es mit deinem Teddy, deinem Ritterschwert oder deiner großen Puppe. Vielleicht hast du auch noch größere Dinge in deinem Zimmer, die du ausmessen und dann auf deinem Maßband eintragen kannst.

- Wenn du fertig bist, rollst du dein Maßband zusammen. Jetzt kannst du in der Wohnung herumgehen und schauen, ob du Dinge findest, die genauso lang sind wie dein Schuh, dein Teddy oder dein Schwert.

Jst Papa schwer wie ein Pferd?

Felix hat eine kleine Schwester bekommen. Sie ist erst ein paar Tage alt. Heute will Mama mit dem Baby zum Kinderarzt.
„Jst das Baby krank?“, fragt Felix.
„Nein“, sagt Mama. „Der Kinderarzt untersucht, ob es sich gut entwickelt.“
„So gut wie ich mich entwickelt habe?“, fragt Felix und grinst.
„Genau“, antwortet Mama lächelnd und streicht ihm über die Haare.
Felix darf mit. Er ist gespannt auf die Untersuchung. Doch zuerst müssen sie sich ins Wartezimmer setzen. Felix ist schon ganz ungeduldig.
Dann endlich kann er mit Mama und dem Baby ins Untersuchungszimmer gehen. Dort zieht Mama das Baby aus. Splitternackt bis auf die Windel. Es liegt auf einem gepolsterten Tisch und strampelt fröhlich mit den Beinen.
Felix beobachtet still, was der Kinderarzt mit dem Baby macht. Doch als der seine Finger in Babys Bauch drückt, protestiert Felix: „Das tut doch weh!“

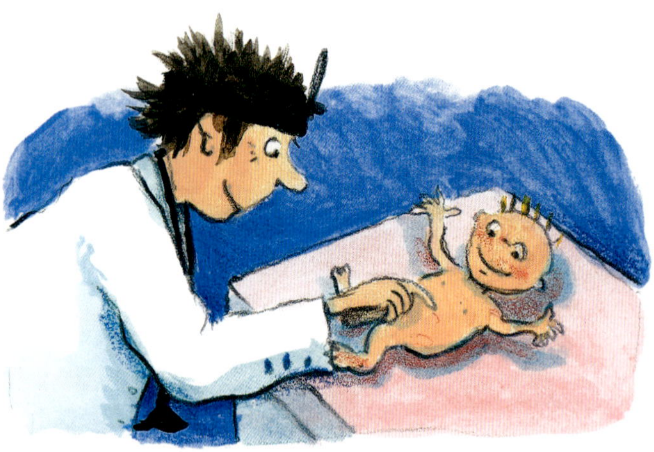

„Normalerweise nicht“, antwortet der Kinderarzt schmunzelnd. Und wirklich, das Baby weint kein bisschen.
Dann muss es noch gewogen werden. Es wird in die silberfarbene Schale auf der Waage gelegt. Ziemlich genau

passt es hinein. Daheim hat Mama ein ähnliches Gerät. Damit misst sie immer Mehl und Zucker für Kuchen ab.
„Wie viel wiegt meine Schwester denn?“, fragt Felix interessiert.
„Viertausend Gramm“, sagt der Arzt.
„Viertausend!“, staunt Felix.
„Das sind vier Kilogramm“, erklärt Mama. „So viel wie vier Päckchen Zucker.“
„Ach so“, erwidert Felix ein bisschen enttäuscht. „Und wie schwer bin ich?“, will er nun wissen.
„Für dich reicht diese Miniwaage natürlich nicht!“, sagt der Kinderarzt und zeigt auf die große Waage am Boden.
Stolz zieht Felix seine Schuhe aus und stellt sich darauf.
Zwanzig Kilo zeigt die Waage an.
„So viel wie zwanzig Päckchen Zucker?“, fragt Felix unsicher.
„Ja ... oder wie der Sack Kartoffeln, den Papa gestern gekauft hat“, sagt Mama.
Der Sack war ganz schön groß, überlegt Felix. Was Papa dann wohl wiegt?
Papa ist hoch wie ein Kleiderschrank und auch fast so breit. Darum sagt Felix: „Jch glaube, Papa ist schwer wie ein Pferd!“
„Wie ein ganzes Pferd?“, staunt der Kinderarzt.
Mama schüttelt den Kopf und sagt lachend: „Du meinst sicher, wie ein kleines Pony.“
Oder vielleicht ein mittelgroßes, denkt Felix. Aber immerhin!

Eva Karnetzky

Schwerer oder leichter?

Auf dem Spielplatz gibt es auch ein Gerät zum Wiegen. Schau dir einmal die Wippe an. Mit wie viel Kindern könnt ihr euren Papa oder eure Mama in der Luft zappeln lassen?

Und wie müsst ihr euch verteilen, um die Wippe in die Waagerechte zu bringen und dann die Balance zu halten?

● Was ist schwerer?
Eine Hand voll Federn oder
eine Murmel?
Eine Büroklammer oder
eine Hand voll Watte?
Ein großer Badeschwamm oder
eine Zahnbürste?
Ein Blatt geknülltes Papier oder
ein Buntstift?
Eine Hand voll Laub oder
ein Kieselstein?
Ein Buch oder ein Kuscheltier?

● Wiege die Dinge in deiner Hand.
Weißt du jetzt, was schwerer ist?
Am besten überprüfst du es mit
einer Küchenwaage.

In letzter Minute

Hanna und Sophie rennen um den Küchentisch herum und singen: „Gleich fährt der Zug ab, gleich fährt der Zug ab – und wir fahren mit!“ Ganz aufgeregt sind die beiden, denn heute haben die Ferien begonnen und am Nachmittag fahren sie mit Mama und Papa zu Oma an die Ostsee.
Da kommt Mama ins Zimmer: „Es wird Zeit, zieht eure Jacken und Schuhe an. Jn ein paar Minuten kommt das Taxi, das uns zum Bahnhof bringt.“
„Aber Papa ist doch noch gar nicht da“, sagt Hanna und läuft zum Fenster.
„Na, ihr wisst ja, Papa kommt immer in letzter Minute“, sagt Mama beruhigend.
Dann stellen sich Hanna, Sophie und Mama fix und fertig angezogen vor die Haustür. Dort sind auch schon die Koffer und der große Blumenstrauß für Oma.
„Jch habe meinen Teddy vergessen!“, ruft Hanna auf einmal.
„Und ich muss Pipi“, sagt Sophie.
„Oh, Kinder“, seufzt Mama und schließt die Haustür noch mal auf. „Jn zwei Minuten seid ihr wieder hier.“
Blitzschnell kommen die Mädchen zurück. Da biegt auch schon das Taxi um die Ecke. Und Papa fehlt immer noch.
„Jetzt muss er sich aber beeilen“, sagt Mama, die nun doch nervös wird.
Der Taxifahrer verstaut die Koffer und Mama quetscht sich mit Hanna, Sophie und dem Blumenstrauß hinten auf die Rückbank.

Alle sind schon angeschnallt, aber immer noch keine Spur von Papa.
„Wenn wir jetzt nicht gleich losfahren, verpassen Sie den Zug um 16 Uhr", sagt der Taxifahrer und klopft auf seine Armbanduhr.
„Da hinten kommt Papa!", rufen Hanna und Sophie wie aus einem Mund.
Und wirklich, Papa rennt mit wehendem Mantel die Straße herunter.
„Tut mir Leid," sagt er, als er ganz außer Atem ins Taxi steigt, „ich habe die Zeit im Büro völlig vergessen."
„Jch glaube nicht, dass Sie den 16-Uhr-Zug noch kriegen", grummelt der Taxifahrer und fährt los.
Hanna und Sophie fangen an zu weinen.
„Jch will aber zu Oma", schluchzt Hanna und drückt ihren Teddy an sich.
„Das schaffen wir schon", meint Papa und nickt Mama aufmunternd im Rückspiegel zu. Die aber schaut mit zusammengekniffenen Augen aus dem Fenster und sagt gar nichts.
Zehn Minten später hält das Taxi vor dem Hauptbahnhof.
„Und los!", ruft Papa. Er rennt mit Koffern, Blumenstrauß und Teddy im Arm voraus, Mama mit den Mädchen an der Hand hinterher.

Plötzlich ertönt eine knarrende Stimme aus dem Lautsprecher: „Auf Gleis vier bitte einsteigen in den verspäteten Zug von Kassel nach Lübeck! Jch wiederhole: Auf Gleis vier bitte einsteigen! Türen schließen automatisch. Bitte Vorsicht bei der Abfahrt!“
„Schneller!“, ruft Papa. „Das ist unser Zug. Den kriegen wir noch.“
Die vier hasten die Treppe hinauf.

Gerade bevor sich die Türen schließen, steigen sie in den Zug. Erschöpft lassen sich Sophie und Hanna auf die Sitze fallen.
„Glück gehabt“, sagt Mama. „Aber zum Geburtstag schenken wir Papa eine große Bürouhr.“
„Eine, die ganz laut tickt“, meint Sophie.
„Au, ja!“ Hanna freut sich. „Dann haben wir nie mehr einen Zeitvergesser-Papa.“

Dina Schäfer

2. Zahlenspaß: Wie spät?

Die Uhrensuche

● Hanna und Sophie hatten Glück, dass sie den Zug noch erreicht haben. Das war wirklich in letzter Minute. Damit das nicht noch einmal passiert, bekommt Papa zum Geburtstag eine große Uhr für sein Büro.
Hast du schon eine Uhr?
Musst du auch manchmal pünktlich sein und schaust du dann mit deiner Mama auf die Uhr?

● Wie viele Uhren gibt es in eurer Wohnung? Findest du alle? Manche sind am Herd, stehen neben dem Bett oder hängen an der Wand.

Uhren können unterschiedlich aussehen. Viele haben Zeiger und Zahlen. Aber es gibt auch Uhren ohne Zeiger. Hier wird die Uhrzeit nur mit Zahlen angegeben. Man nennt diese Uhren Digitaluhren.

● Probier einmal aus, welche Uhren klingeln. Vielleicht kannst du mit deiner Mama oder deinem Papa ein Uhren-Klingelkonzert veranstalten.

2. Zahlenspaß: Wie spät?

Meine Uhr ist rund

- Die meisten Uhren sind rund, haben Zeiger und Ziffern von 1 bis 12. Die Uhr zeigt uns, wie die Zeit vergeht und wie spät es ist. Ein Tag dauert 24 Stunden. Von Mitternacht zu Mitternacht. Aber auf der Uhr ist nur für 12 Stunden Platz. Deshalb läuft der kleine Stundenzeiger am Tag langsam zwei Mal im Kreis herum.
Der große Zeiger ist schneller. Er zeigt die Minuten an und dreht seine Runde ein Mal in der Stunde. Vierundzwanzig Mal muss er so herumlaufen, bis ein Tag vorbei ist.

- Hanna und Sophie basteln in den Ferien eine große Uhr.
Das kannst du auch probieren. Am besten kopierst du die Uhr von Hanna und Sophie oder du paust sie durch und schneidest sie aus. Deine Uhr klebst du auf eine runde Pappscheibe, die ungefähr gleich groß ist. Dann schneidest du aus Pappe den großen und den kleinen Zeiger aus und malst sie verschieden an. Die Zeiger befestigst du mit einer Päckchenklammer in der Mitte der Pappscheibe.

Jetzt kannst du deine Uhr ganz bunt und mit lustigen Figuren bemalen.

12
1
2
3
4
5
6
7
8
9
10
11

2. Zahlenspaß: Wie spät?

Der Tag hat 24 Stunden

● Auf deiner Uhr sind Zahlen
und viele Punkte und Striche.
Die Striche zeigen die Stunden.
Die Punkte zeigen die Minuten.
Wenn eine Minute um ist, rutscht
der große Zeiger einen Punkt weiter.
Das macht er 60 Mal in der Stunde.
Wenn eine Stunde um ist, ist der
kleine Zeiger einen Strich weiter-
gelaufen.
Das macht er 24 Mal am Tag.

Jetzt kannst du mit deiner Uhr
spielen und mit den Zeigern
verschiedene Zeiten einstellen.
Um wie viel Uhr stehst du auf?
Wann musst du im Kindergarten
oder in der Schule sein?
Wann gibt es Mittagessen?
Wann triffst du deine Freunde oder
wann gehst du zum Turnen?
Wann isst du zu Abend?
Wann musst du ins Bett?

Schon vor 5 000 Jahren gab es Uhren. Aber es waren keine Uhren, die man zu Hause an die Wand hängen oder am Arm tragen konnte. Die Menschen bestimmten die Tageszeit mit Hilfe der Sonne und bauten Sonnenuhren. Diese funktionierten allerdings nur, wenn die Sonne schien. Dann warf die Uhr einen Schatten. Der wanderte mit dem Lauf der Sonne immer weiter. So konnte man am Schatten die Zeit ablesen.

Sanduhren gibt es seit 600 Jahren. Jn einem Glasgefäß rieselt Sand von oben nach unten. Wenn der Sand durchgelaufen ist, dreht man das Glas wieder um.

Kannst du dieses Rätsel lösen?
Es geht und geht in einem fort und kommt doch keinen Schritt vom Ort.

Mein Rad ist geschrumpft!

„Jch will jetzt losfahren!", ruft Kevin ungeduldig. Fertig angezogen steht er an der Haustür. Er freut sich schon auf die erste Radtour in diesem Frühling. Endlich sind auch Mama, Papa und Tina startbereit.
Aus dem Gartenschuppen holen sie ihre Fahrräder. Papa hat das größte. Kevin das kleinste. Aber als Kevin sein Rad genau anschaut, findet er es auf einmal seeehr klein.

„Mein Fahrrad ist im Winter wohl geschrumpft!", wundert er sich.
„Oder eingegangen, als du es das letzte Mal gewaschen hast!", sagt Tina. „Wie Mamas Bluse!"
Mama schmunzelt. „Jch glaube eher, Kevin ist ein großes Stück gewachsen."
„Stimmt!", denkt Kevin. Er hat neue Hosen und Schuhe bekommen. Alles eine Nummer größer.
„Na klar, was denn sonst!", brummt

auch Papa. Er holt einen Schraubenzieher und stellt Lenker und Sattel an Kevins Fahrrad höher. „So müsste es gehen", sagt er. „Jedenfalls für heute."
Dann fahren sie los. Papa und Tina sausen vorneweg. Mama bleibt hinter Kevin.
Für Kevin ist das Fahrrad immer noch zu klein. Seine Knie stoßen beim Treten fast am Lenker an und er muss sich sehr anstrengen. Trotzdem tritt Kevin kräftig in die Pedale. Doch er schafft es nicht, Papa und Tina einzuholen.
„Wartet doch mal!", schreit er ärgerlich.
Da dreht Tina sich um und spottet: „Kevin mit dem Babyfahrrad!"
Wütend streckt Kevin ihr die Zunge raus. Dann gibt er richtig Gas! Seine Beine bewegen sich schnell wie Propeller. Geschafft! Stolz überholt er Tina und grinst sie von der Seite an. Aber er ist ganz außer Puste und seine Beine fühlen sich an wie Wackelpudding.
Anmerken lässt er sich natürlich nichts! Doch er ist froh, als Papa sagt: „An der Wiese dort machen wir Pause."
Sie essen Kuchen und trinken Apfelsaft. Ball spielen mag Kevin nicht.
Er liegt schlapp im Gras und streckt Arme und Beine weit von sich.
Auf dem Heimweg macht ihm das Radfahren keinen Spaß mehr. Als es auch noch bergauf geht, muss Kevin die Zähne zusammenbeißen. Missmutig strampelt er die Steigung hoch.

Am Abend sitzt er neben Tina auf dem Sofa und jammert. Weil seine Beine schrecklich weh tun.
Mama reibt sie mit Salbe ein. „Das hilft gegen Muskelkater", tröstet sie Kevin.
„Wieso bekomme ich Muskelkater?", fragt er.
„Weil du auf dem kleinen Rad besonders viel strampeln musstest", erklärt Mama.
„Viel mehr als Tina auf ihrem großen", sagt Kevin.
„Und Mädchen kriegen sowieso keinen Muskelkater", meint Tina lachend, „sondern eine Muskelkatze."

Eva Karnetzky

Gelenkig wie ein Hampelmann

● Alle Knochen im Körper sind durch Gelenke miteinander verbunden, damit du dich bewegen kannst.

• Beweg dich wie ein Hampelmann. Welche Gelenke entdeckst du?

Kniegelenk

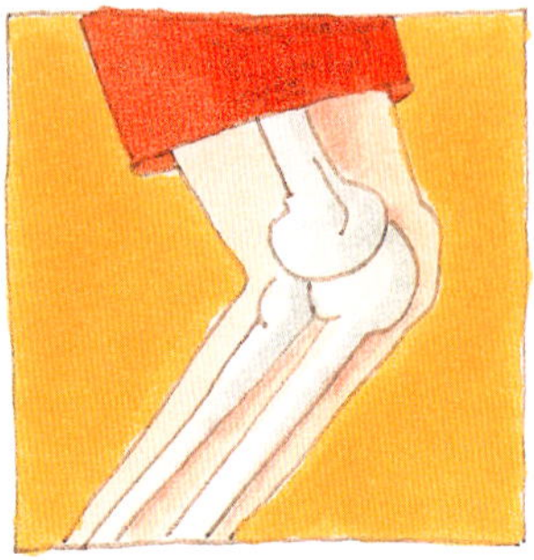

Ellbogen

• Spiel doch mal mit einem Freund „lebende Puppe". Du stellst dich ganz entspannt hin und dein Freund darf dich vorsichtig in verschiedene Positionen bringen.

• Wie ist es, wenn du die Gelenke beim Gehen ganz steif lässt? Bewege dich wie eine Aufziehpuppe. Auch deine Wirbelsäule bleibt steif wie eine Steinsäule.

● Du kannst dir eine kleine Gelenkpuppe basteln. Dafür brauchst du Pappe, Postklammern, Schere, Stifte oder Pinsel und Farben.

• Bring deine Gelenkpuppe in eine lustige Position und versuch diese vor dem Spiegel nachzustellen. Wie lange kannst du in dieser Haltung bleiben?

Hexenzirkus

„Wo bleibt Willi bloß?“ Ungeduldig hüpft die kleine Hexe Frieda auf der verfallenen Burgmauer hin und her. Dabei wirbelt sie ihren Besen wie einen Jonglierstab durch die Luft. „Warten ist blöd!“, ruft sie und schaut sich nach allen Seiten um. Von Willi, der Fledermaus, ist weit und breit nichts zu sehen. Dafür entdeckt Frieda im Burghof die Oberhexe, die ein paar Hexenkindern Unterricht im Besenfliegen erteilt. Als Frieda zu ihnen hinunterschaut, rutscht sie ab und plumpst von der Mauer.
„Autsch!“ Frieda reibt sich den Po. Da kommt Willi angeflattert. „Hallo, Frieda“, piepst er fröhlich. „Hat es wehgetan?“
„Halb so schlimm!“ Die kleine Hexe grinst und ruft: „Los, Willi, Wettflug! Einmal Kirchturm und zurück!“ Sie springt auf ihren Besen und saust los. Über die Wipfel der Tannen und am Fluss entlang bis zum Dorf. Frieda umrundet den Kirchturm als Erste.
„Achtung, Willi! Jch komme zurück!“ Frieda fliegt so dicht an der Fledermaus vorüber, dass diese ins Trudeln kommt. Willi stürzt fast ab, aber Frieda saust einfach weiter, zurück zur Burgruine. Als die Hexenkinder auf dem Burghof Frieda entdecken, hören sie mit den Flugübungen auf und winken ihr zu.

„Jippiiii! Hier kommt die tollste Besenfliegerin der Welt“, ruft Frieda und dreht einen gewagten Looping. „Schaut mal, was ich kann!“ Sie klettert auf den Besenstiel und balanciert wie eine Seiltänzerin freihändig darauf herum. Den Hexenkindern bleibt vor Staunen der Mund offen stehen.
„Lass den Blödsinn“, ruft die Oberhexe entsetzt, aber Frieda ist nicht zu bremsen. Jetzt macht sie sogar einen Handstand im Flug.
Dann passiert es: Als sie in weitem Bogen um den Burgturm saust, kommt ihr Willi entgegengeflattert. Die Fledermaus ist ganz erschöpft.

„Vorsicht, Willi!“, ruft Frieda laut, aber es ist schon zu spät.
Willi knallt Frieda mitten ins Gesicht. Sie rudert wild mit den Armen, verliert das Gleichgewicht und purzelt von ihrem Besen.
Die Hexenkinder halten erschrocken den Atem an.

Da gelingt es Frieda, den Besenstiel zu greifen, an dem Willi kopfüber baumelt.
Am Besen hängend, rasen sie im Sturzflug über den Burghof.
Die Hexenkinder springen kreischend auseinander, als Frieda in voller Fahrt zwischen ihnen hindurchbraust – genau auf das Burgtor zu.
Willi lässt den Besen los und rettet sich schnell auf die Schulter der Oberhexe. Auch diese hat die Gefahr erkannt. Blitzschnell verwandelt sie das Burgtor in dichten Nebel.
Frieda saust mit ihrem Besen hindurch und verschwindet im Nebel.
Es platscht noch einmal laut, dann hört man nichts mehr – nur ein Schimpfen. Es kommt von Frieda, die tropfnass aus dem Burggraben krabbelt und sich kleinlaut auf den Heimweg macht.

Sabine Streufert

Balancierkurs

Die kleine Hexe ist ein wilder Feger. Sie balanciert auf der Burgmauer, wirbelt dabei den Besen durch die Luft und macht Blödsinn. Dann rutscht sie ab. Kein Wunder. Denn beim Balancieren muss man sich gut konzentrieren. Das kann man üben.

- Schau dich in der Wohnung um. Du darfst nur auf Linien gehen: zum Beispiel auf Fliesenfugen oder Teppichkanten. Überleg dir ein Ziel. Findest du einen Weg vom Bad zur Küche? Du kannst auch ein Springseil mitnehmen. Findest du keine Linie, legst du eine mit dem Seil.

- Jetzt gehst du den gleichen Weg zurück, darfst aber nun auf keinen Fall die Linien betreten. Setze immer ein Bein über Kreuz vor das andere Bein. Die Linien sind zwischen deinen Füßen.

- Du kannst noch eine Runde machen. Nimm einen Löffel und leg einen kleinen Ball darauf. Mit ausgestrecktem Arm gehst du auf den Linien und trägst den Ball zum Ziel. Auf dem Rückweg hüpfst du ohne Löffel und Ball mit geschlossenen Beinen von einer Seite der Linie auf die andere.

Treff- und Ausweichspiele

- Such dir eine alte Zeitung und reiß die Seiten in der Mitte durch. Jetzt knüllst du sie zu Kugeln, die gut in deine Hand passen. Setz dich auf den Boden und stell einen Korb oder Karton neben deine Füße. Versuche die Kugeln mit beiden Füßen aufzuheben und in den Korb zu legen.

- Du kannst die Kugeln auch mit den Füßen in die Luft werfen und dann wieder auffangen.

- Stell den Korb drei bis vier Schritte von dir entfernt auf. Wirf die Zeitungskugeln mit den Händen in den Korb. Das könnt ihr auch zu zweit spielen. Schwieriger wird es, wenn ihr den Korb noch weiter weg stellt.

- Stell sechs Pappbecher zu einer Pyramide aufeinander. Versuche mit den Zeitungskugeln die Pyramide zu treffen. Fang oben an. Wie viele fallen um? Wie viele Würfe brauchst du, bis alle Becher umgekippt sind?

● Die kleine Hexe hat nicht auf Willi geachtet. Plötzlich landet er mitten in ihrem Gesicht. – Bist du auch schon mal mit jemandem zusammengestoßen, weil du nicht aufgepasst hast und nicht rechtzeitig ausweichen konntest? Aufpassen und ausweichen kannst du beim Spielen üben:

● Stellt euch mit zehn Schritten Abstand einander gegenüber auf. Einer versucht den anderen mit zwei oder drei Papierkugeln zu treffen. Schafft er es oder kann der andere ausweichen? Beide müssen sich gut konzentrieren und im Blick behalten.

● Einer von euch ist ein Spiegel. Der andere schaut in den Spiegel und probiert Bewegungen aus. Ganz langsam wie in Zeitlupe. Das Spiegelkind macht die Bewegungen mit, möglichst gleichzeitig. Das geht am besten, wenn ihr euch dabei fest in die Augen schaut.
So ein Spiegel muss gut aufpassen!

Spargelbein und Kugelbauch

Heute Mittag bringt Nils seinen Freund Felix mit nach Hause.
„Mmh, riecht das lecker bei euch“, sagt Felix. „Jch hab riesigen Hunger.“
Am Tisch gibt Mama jedem einen Teller voll mit Nudeln und Soße. Felix spießt sofort ganz viele Nudeln auf die Gabel.

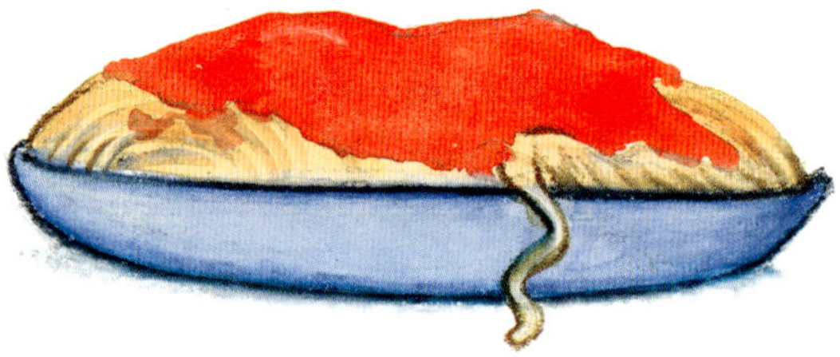

Aber Nils zieht einen Flunsch. „Jch mag die Soße nicht.“ Er stochert lustlos in seinem Essen herum, zieht hier und da eine Nudel ohne Soße heraus und schiebt sie sich in den Mund.
„Nicht schon wieder nörgeln, Nils. Nur wer richtig gegessen hat, kriegt hinterher noch ein Eis“, sagt Mama, die an der Spüle eine Pfanne abwäscht.
Felix wirft Nils einen verschwörerischen Blick zu. Dann nimmt er blitzschnell Nils’ vollen Teller und schiebt ihm seinen leeren hin.
Jn Windeseile schaufelt Felix alles in sich hinein.
Als Mama sich umdreht sieht sie zwei leere Teller. „Na, so was. Jhr seid schon fertig? Sogar Nils hat aufgegessen. Wollt ihr noch mehr?“
Felix nickt begeistert und stößt Nils unterm Tisch mit dem Fuß an, bis der auch noch mal Nudeln verlangt.
Während Mama das Geschirr einräumt, futtert Felix in Nullkommanix den dritten Nudelberg weg und tauscht wieder seinen leeren Teller mit Nils’ vollem.
Der starrt seinen Freund an. „Vier Portionen Nudeln“, flüstert er. „Da schaffst du doch kein Eis mehr, oder?“

„Und ob!" Felix streicht sich über den Bauch. „Eis passt immer drauf."
Die Mutter bringt das versprochene Dessert. „Ganz mit rechten Dingen ist es beim Essen aber nicht zugegangen, oder?", fragt sie schmunzelnd.
Felix und Nils grinsen und verschwinden schnell im Garten. Mit dem Eis setzen sie sich in die Kinderstühle.
„Komm mit, ich zeig dir mein Vogelhäuschen", sagt Nils und springt auf.
Felix will auch aufstehen, aber er kommt nicht aus dem Stuhl raus.
„Jch sitze fest!", ruft er. „Hilf mir."
Nils zieht und zerrt an dem Stuhl, doch der bewegt sich nicht. Wie fest gewachsen hängt er an Felix' Popo.
„Du bist zu dick, du Kugelbauch", sagt Nils.
„Und du zu dünn, du hast ja überhaupt keine Kraft, du Spargelbein!", ruft Felix.
Gemeinsam schaffen sie es, Felix aus dem Stuhl zu befreien.
„Spargelbein und Kugelbauch sind ein tolles Team", sagt Felix.
„Und zusammen geht ihr durch dick und dünn", ruft Mama, die aus dem Fenster schaut und lacht.

Dina Schäfer

Bunt ist gesund

- Beim Mittagessen kann Felix nicht genug Nudeln bekommen. Obwohl er schon satt ist, futtert er noch Nils' Portionen auf. Und das so schnell, dass man es kaum glaubt.
Zu viel essen macht dick.
Zu wenig essen ist auch nicht gut. Dein Körper braucht Nahrung mit vielen Nährstoffen und Vitaminen, damit du gesund und fit bist.

- Wer viel Süßes und Fettes isst wie Schokolade und Kuchen, Pommes und Würstchen kann davon dick werden.
Welche Speisen, die du hier siehst, machen dick, wenn du zu viel davon isst? Male einen Einkaufskorb mit Dickmachern.

- Besonders gesund ist es, jeden Tag rotes, gelbes und grünes Obst oder Gemüse zu essen. Welches Obst und Gemüse magst du? Jst von jeder Farbe etwas dabei?

- Ganz wichtig beim Essen ist eine gute Mischung.

- Jhr könnt einen schönen Abendbrottisch decken. Jeder bekommt ein Platzbild mit Essensfeldern.

• Dann richtet ihr sechs Teller: einen Wurstteller, einen Teller mit Käse, einen mit Gurken und Salat, einen Tomaten-Paprika-Teller, einen Teller mit Brot und einen mit Früchten.

• Jeder Teller bekommt ein Schild mit einer Ziffer von eins bis sechs.

• Nun versucht ihr, von jedem Teller ein Häppchen zu erwürfeln. Wer eine Fünf würfelt, nimmt ein Obststückchen, bei einer Zwei eine Gurke und macht ein Kreuzchen auf dem Platzbild.

• Wenn jeder etwas auf seinem Teller hat, wünscht ihr euch guten Appetit und esst, dann gehts weiter ...

• Sind alle Kästchen der ersten Reihe ausgefüllt, hast du schon eine gesunde Mischung im Bauch und weißt genau, was und wie viel du gegessen hast.

• Wer zwei Runden hintereinander die gleiche Zahl würfelt, versucht es nochmal. Kommt keine neue Zahl, probiert ihr, mit einem anderen Spieler zu tauschen.

• Wer noch Hunger hat, beginnt mit der nächsten Reihe. Aber nur so lange essen, bis ihr satt seid.

Süße Träume

Jch liege in der Hängematte
und träum von rosa Zuckerwatte.
Ein Ober bringt mir von zu Hause
eisgekühlte Himbeerbrause,
Puddingberge, braun und weiß,
mit himmelblauem Sahneeis.
Zum Nachtisch bringt er Gummibärchen
und honigsüße Schweineöhrchen.
Am Abend dann Kartoffelchips
und eine Tüte Erdnussflips.
Rate mal, worin ich bade?
Jn herrlich warmer Schokolade.
Jch putz mir auch die Zähne
mit ganz viel Buttercreme ...
Schluss jetzt mit dem süßen Traum,
will Äpfel von dem grünen Baum.
Auch saure Gurken hol ich mir ...
Wovon träumst du
und was schmeckt dir?

Jogurteis

Nicht alles Süße ist ungesund. Hier ist ein Rezept für ein gesundes und leckeres Jogurteis.

Du brauchst:
- 300 Gramm Erdbeeren
(oder Himbeeren, auch tiefgefroren)
- 1 Becher Sahne
- 2 Vollmilchjogurt
- 3 Esslöffel Honig

So gehts:
- Die Erdbeeren waschen und in feine Scheiben schneiden.
- Mit einer Gabel zu Mus zerdrücken.
- Die Sahne steif schlagen.
- Honig und Jogurt verrühren.
Erdbeeren und Honigjogurt mischen.
- Zum Schluss die Sahne unterheben.
- Die Masse in einen Plastiktopf geben und einfrieren. Ab und zu umrühren, damit sich keine Eiskristalle bilden.

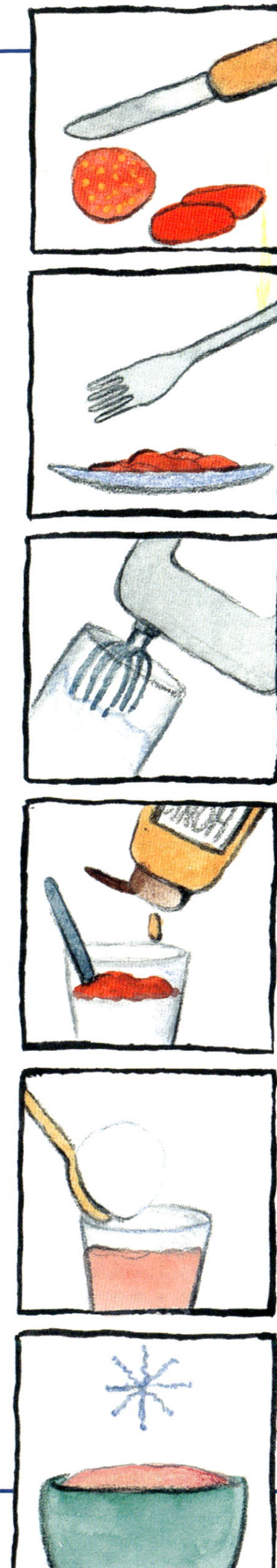

Guten Appetit!

Die Eisprinzessin

„Schau mal, Mami. Jch bin eine Eisprinzessin." Singend schlittert Julia auf zwei Wischtüchern durch die Küche. Sie dreht Pirouetten und macht Sprünge wie das Mädchen in dem Film, den Julia heute im Kino gesehen hat.

„Julia, es ist schon spät." Jhre Mutter zeigt auf die Uhr. „Abmarsch ins Bett."
„Jch bin aber nicht müde!", protestiert Julia und läuft noch eine Runde – genau in die Arme ihres Vaters.
„So, Prinzessin, Feierabend!", sagt er und trägt seine strampelnde Tochter lachend ins Badezimmer.
„Das ist gemein!", mault Julia. „Jch wasche mich nicht und Zähne putze ich auch nicht! Jch will Schlittschuh laufen!" Julia versucht über die Badfliesen zu schlittern, aber ohne die Wischtücher geht es nicht. Doch das stört sie wenig. Mit einem Badetuch als Umhang und der Duschhaube auf dem Kopf tanzt sie herum. „Eine Eisprinzessin ohne Eis", kichert sie, blickt in den Spiegel und bekommt einen Lachanfall.
„Julia! Schluss jetzt!", ruft ihre Mutter. „Du musst morgen früh los. Also, waschen und Zähne putzen, aber sofort!"
„Manno, ist das fies." Schmollend schlüpft Julia in ihr Nachthemd und macht eine kurze Katzenwäsche.

Dann hat sie eine Jdee. „Jch nehm die Schlittschuhe mit in mein Zimmer“, sagt sie und läuft noch mal in die Küche, um die Wischtücher zu holen. Jm Bett wollen Julia die Augen einfach nicht zufallen. Kino, Schlittschuhe, Popcorn – alles wirbelt ihr durch den Kopf. „Wenn ich doch auch so gut Eislaufen könnte“, denkt sie aufgeregt und erst spät in der Nacht schläft sie ein.

Ein lautes Rasseln reißt Julia aus ihren Träumen. „Blöder Wecker“, murmelt sie und versetzt ihm einen Schubs. Sie schlägt die Bettdecke zurück und lässt missmutig die Füße aus dem Bett baumeln.
Da entdeckt sie die Wischtücher. Doch heute morgen findet sie keinen Gefallen am Eislaufen. Mit halb geschlossenen Augen schlurft Julia in die Küche und setzt sich an den Frühstückstisch. Lustlos rührt sie in der Müslischüssel. Milch schwappt über. Julia gähnt laut.
„Oh je, so eine müde Eisprinzessin. Da fehlt wohl Schlaf“, sagt die Mutter und streicht ihrer Tochter über das Haar.
„Lass das“, mault Julia und schüttelt den Kopf. „Jch bin doch kein Baby.“ Sie schiebt die Schüssel beiseite. „Will kein Müsli. Lieber Schokotoast“, muffelt sie und legt den Kopf auf den Tisch. Als die Mutter den Toast bringt, ist Julia schon wieder eingeschlafen.

Sabine Streufert

3. Mein Körper: Katzenwäsche!

Ein Stinktier?

Julia hatte keine Lust, sich zu waschen. Sie war nicht nur Eisprinzessin, sondern auch „Stinkekönigin“.

Stinktiergedicht

Ein Stinktier will ich heute sein!
Jch stink herum und fühl mich fein.

Die Dusche hab ich zugeklebt,
das Wasser hab ich abgedreht.

Die Seife habe ich verschenkt.
Das Handtuch hab ich abgehängt.

Die Bürste habe ich zerbrochen
und bin ins Bett zurückgekrochen.

Jetzt stink ich leise vor mich hin
wie eine Stinkekönigin.

Sylvia Keyserling

● Julia macht eine Katzenwäsche. Aber wie wäscht sich eine Katze? Sie putzt sich gründlich. Mit der Zunge macht sie ihr Fell überall sauber. Dabei ist sie ganz schön gelenkig.

● Wenn wir uns lange nicht waschen, fangen wir an zu stinken. Die Füße riechen nach Käse. Und die Hände? Vielleicht nach Schokolade, Sandkasten und Hundefell?
Nicht nur der Geruch ist ein Grund zum Waschen, sondern auch die Gesundheit, denn Schmutz kann Krankheiten übertragen.

• Welche dieser Kinder müssen sich unbedingt die Hände waschen?

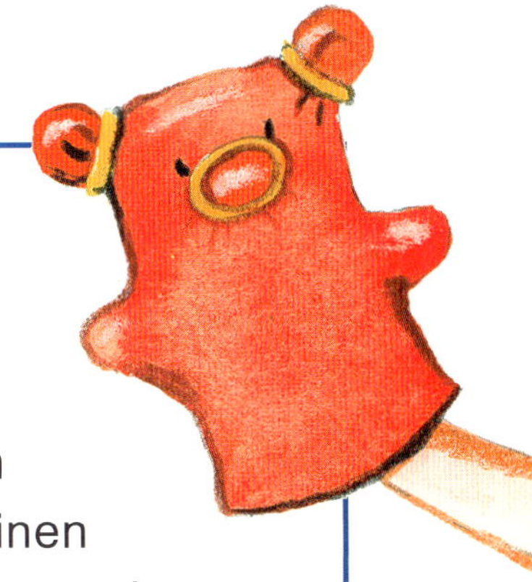

● Damit das Waschen mehr Spaß macht, kannst du dir aus einem Waschlappen einen kleinen Waschbären basteln. Nimm einen Waschlappen und drei Gummibänder. Aus den Ecken werden die Ohren gebunden und in die Mitte kommt eine Nase. Jetzt macht sich der Waschbär an die Arbeit. Zuerst wischt er Mund und Nase, dann schaut er hinter die Ohren und er findet ganz bestimmt alles, was sonst noch schmutzig ist.

Verrückte Träume

„Das war ein aufregender Tag“, denkt Jonas, als er am Abend im Bett liegt. Es fing damit an, dass er auf dem Schulweg einen buntgestreiften Luftballon gefunden hat. So einen, der wegfliegt, wenn man ihn loslässt. Den hat er mit in die Schule genommen. Aber Kai hat ihm den Ballon weggenommen und mit einer Nadel reingestochen. Das hat vielleicht geknallt! Jonas war so sauer, dass er Kai hingeschubst hat. Frau Meiermann, Jonas' Lehrerin, hat es gesehen und ihm eine Strafarbeit aufgegeben. Weil er noch nicht richtig schreiben kann, soll er drei Bilder malen, auf denen Kinder zusammen spielen.

Jonas findet das total ungerecht, schließlich hat Kai angefangen. Auf dem Nachhauseweg hat Jonas beobachtet, wie die Feuerwehr eine kleine Katze aus einem hohen Baum gerettet hat. Das dauerte lang, und Jonas kam zu spät zum Mittagessen. Die Strafarbeit hat er darüber ganz vergessen.
Jonas gähnt. Das wird bestimmt Ärger geben.
Dann schläft er ein …
… und ist plötzlich wieder auf dem Schulhof. Der sieht aber irgendwie anders aus, weil ein riesiger Baum in der Mitte steht. Ganz viele bunt gestreifte Katzen hocken darunter und blicken nach oben. Neugierig geht Jonas auf den Baum zu, als mit einem Mal ein Feuerwehrauto heranbraust und auf dem Schulhof anhält. Jetzt sieht Jonas auch, was los ist. Hoch oben im Baum sitzt Frau Meiermann, klammert sich an einen dicken Ast und ruft um Hilfe. Die Feuerwehrleiter wird ausgefahren, um Frau Meiermann zu retten, aber die Leiter ist viel zu kurz.

Eilig breiten die Feuerwehrmänner einen Luftballonteppich unter dem Baum aus, aber Frau Meiermann hat Angst zu springen.

„Wenn Sie nicht sofort runterspringen, kriegen Sie eine Strafarbeit, weil Sie zu spät zum Mittagessen kommen“, ruft ein Feuerwehrmann, der komischerweise genauso aussieht wie Kai. „Sie müssen zehn Bilder über die Arbeit der Feuerwehr malen!“

Das ist eine prima Jdee, findet Jonas. Dann hat er auch einen Einfall. Er hebt eine kleine Katze auf und streckt die Arme hoch in die Luft. Wie ein Luftballon schwebt die Katze langsam zu Frau Meiermann auf den Ast. Die Lehrerin kreischt auf und lässt vor Schreck den Ast los.

„Vorsicht!“, ruft Jonas noch, aber schon fällt Frau Meiermann vom Baum – genau auf den Luftballonteppich! Es gibt einen lauten Knall …

… da wacht Jonas auf.

Seine Mutter sitzt an seinem Bett und streicht ihm über das Haar.

„Na, du hast wohl was Aufregendes geträumt“, sagt sie. „Du hast laut gerufen.“

Jonas reibt sich verschlafen die Augen, aber dann beginnt er schnell zu erzählen, bevor er am nächsten Morgen alles wieder vergessen hat.

Sabine Streufert

Zentrale „Gehirn“

● Alles, was du siehst, hörst, fühlst und schmeckst, wird über Nerven zum Gehirn geleitet. Das Gehirn ist die zentrale Schaltstelle deines Körpers.

● So wie Jonas erlebst auch du den Tag über viel. Jn der Nacht, wenn wir schlafen, ist unser Gehirn noch ein bisschen wach. Dann träumen wir von Dingen, die wir am Tag erlebt haben oder die uns beschäftigen. Dabei können lustige Geschichten entstehen, denn im Schlaf purzeln die Jnfos im Gehirn ganz schön durcheinander.

• Erinnerst du dich an einen Traum? Kannst du erzählen, was passiert ist? Wer kam darin vor? Konntest du dich selbst in deinem Traum sehen?

• Magst du einen Traum malen?

Spürnase

„Micha, beeil dich, es ist gleich drei Uhr“, ruft Johan ungeduldig. Heute muss er den kleinen Bruder zum Turnen bringen. Mama hat eine Konferenz in der Schule, und bevor sie gegangen ist, hat sie Johan eingeschärft: „Punkt drei Uhr müsst ihr losgehen. Und nehmt Mirabelle mit. Sie braucht Auslauf.“ Mirabelle ist Michas Hund. Sie ist winzig klein, irgendwie kugelig und bellt ziemlich laut. Deshalb hat Micha ihr den Namen Mirabelle gegeben. „Wollratte“, denkt Johan oft und manchmal schämt er sich ein bisschen, dieses Hundeknäuel auszuführen. Aber heute kommt er nicht drum herum. Mirabelle steht schon erwartungsvoll vor der Haustür und wedelt mit dem Schwanz. Nur Micha fehlt noch. Johan ist genervt. „Bist du immer noch nicht fertig?“
Da erscheint Micha an der Treppe. „Doch, wenigstens fast. Nur den einen Sportschuh finde ich nicht. Gestern hab ich ihn noch gesehen. Vor dem Regal.“ „Das darf ja nicht wahr sein“, zetert Johan und stürmt die Treppe hoch. „Deine Stinkschuhe riecht man doch zehn Meter gegen den Wind.“ Er stellt Michas Zimmer auf den Kopf und sucht überall: Jm Bett, im Bücherregal, sogar in der hintersten Ecke im Kleiderschrank wühlt er nach dem Schuh. „Jmmer rumtrödeln, nicht fertig werden und alles verlieren“, schnaubt er wütend und kippt mit Getöse die Legoschachtel aus. „Du meckerst schlimmer als Mama“, sagt Micha weinerlich. „Jch kann doch nichts dafür, dass der Schuh weg ist.“ „Wer kann denn dann was dafür?“, fragt Johan. „Jch oder etwa Mirabelle?“ Mirabelle! Das ist die Rettung!
Micha saust die Treppe runter und holt Mirabelle in sein Zimmer. Dann hält er ihr den einen Turnschuh unter die Nase. „Hier, Mirabelle, such. Such den anderen Schuh. Wo ist er? Zeig ihn mir.“ Mirabelle schnuppert an dem Schuh ...

Johan schaut betreten auf die drei Schuhe. „Tut mir Leid, war wirklich keine Absicht." Dann kniet er sich zu Mirabelle auf den Boden und sagt. „Hätte nicht gedacht, dass so ein Minihund so eine gute Nase hat. Das gibt heute einen Extra-Umweg über die Hundewiese."

„Okay", sagt Micha, „jetzt aber los. Sonst komm ich zu spät. Dann werde ich nochmal angemeckert und kann nichts dafür."

Dina Schäfer

… dann läuft sie los. Über den langen Flur, durch Johans Zimmer, die Treppe runter. Micha und Johan immer hinterher.

Mirabelle wetzt zur Garderobe. Dort, wo Johans Turnbeutel hängt, bleibt sie stehen und fängt laut an zu kläffen. Johan hält sich die Ohren zu. „Blöder Hund. Da sind doch nur meine Schuhe drin", sagt er, nimmt den Beutel und leert ihn aus. Ungläubig starrt er auf den dritten Schuh, der da herauspurzelt. Micha ist empört. „Von wegen blöder Hund. Du hast meinen Schuh eingesteckt und mich auch noch angemotzt."

Mit Nase, Mund ...

- Was um uns herum passiert, nehmen wir Menschen und auch Tiere mit den Sinnesorganen wahr. Mit den Augen können wir sehen, mit der Nase riechen, mit den Ohren hören, mit der Haut fühlen und mit der Zunge schmecken.
Für uns Menschen sind die Augen ein ganz wichtiges Sinnesorgan. Und Hunde haben eine besonders gute Spürnase.

- Jn der Nase sind viele Riechzellen, die unterscheiden, ob etwas lecker riecht oder stinkt. Beim Schmecken arbeiten Nase und Zunge zusammen. Mit der Zunge kannst du süß, sauer, salzig und bitter unterscheiden.

- Legt verschiedene Sachen auf ein Tablett.
Findet durch Riechen, durch Schmecken oder durch beides heraus, was es ist.

... und Augen

Wir brauchen zwei Augen, um zu erkennen, wo sich ein Gegenstand im Raum befindet. Mach einen Test: Male ein kleines Kreuz. Halte ein Auge zu und versuche mit dem Stift die Mitte des Kreuzes zu treffen. – Was ist, wenn du beide Augen offen hast?

Jn der Mitte haben deine Augen einen schwarzen Punkt: die Pupille. Sie ist ein kleines Loch, durch das wir Farben und Formen, hell und dunkel und Bewegungen wahrnehmen.
Stell dich in einem abgedunkelten Raum vor einen Spiegel. Schalte dann das Licht an und beobachte deine Pupillen.

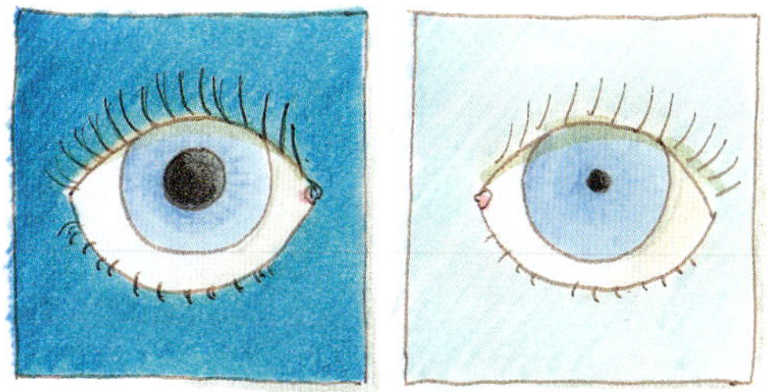

Du kannst sehen, wie sie bei Licht ganz klein werden. So wird verhindert, dass zu viel Licht in deine Augen fällt.

Hilfst du Michas Strümpfe zu sortieren?
Zwei Strümpfe haben keinen Partner. Welche?

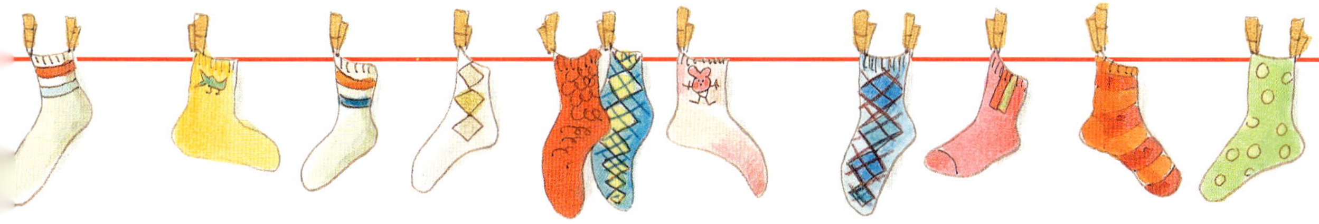

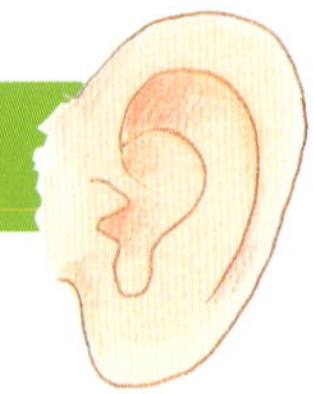

Ganz Ohr

- Unser Ohr besteht aus der Ohrmuschel, die du sehen und anfassen kannst, und aus dem Hörorgan. Es liegt gut geschützt im Kopf. Unsere Ohren nehmen ganz leise Geräusche wahr, aber auch tosenden Lärm. Wenn es zu laut wird, halten wir uns die Ohren zu.

- Die Ohren helfen auch, sich zu orientieren. Stell dich mit verbundenen Augen in die Mitte eines Raums. Dann wispert dein Freund ganz leise aus einer Ecke „pspspsps“. Findest du ihn? Und was ist, wenn du ein Ohr zuhältst?

- Jhr könnt prüfen, wie gut ihr Geräusche erkennt: Einer sitzt mit dem Gesicht zur Wand. Der andere macht mit unterschiedlichen Dingen Geräusche. Erkennt ihr sie?

Zarte Haut

● Die Haut ist unser größtes Sinnesorgan. Wie eine Hülle schützt sie den Körper. Sie ist von vielen Nerven durchzogen. So fühlen wir, ob etwas heiß oder kalt ist, kratzig oder weich, rau oder glatt.

• Nimm eine Feder und streiche einem Freund über Arme, Gesicht und Füße. Wo ist es angenehm? Wo kitzelig? Und wie ist es bei dir?

● Besonders gut können wir mit den Fingerspitzen fühlen. Probiert das mit einem Fühlspiel aus: Nehmt Kärtchen aus buntem Karton und schneidet einfache Muster hinein: Schlange, Stern, Kreis, Dreieck, Fisch, Blume, Haus, Herz …
Und los geht's: Karten mischen, Augen zu – wer errät die Form?

● Deine Haut kann noch mehr: Wenn du schwitzt, wird sie feucht und kühlt dich. Wenn du frierst, kriegst du Gänsehaut. Die Haut zieht sich zusammen und die Wärme bleibt so im Körper.

Pengpeng!

Paul weiß ganz genau, was er spielen will. Er geht in den Garten, sucht ein Stöckchen und schleicht vorsichtig am Haus entlang. Dann späht er durch das geöffnete Fenster in Annikas Zimmer. Annika ist seine große Schwester, sie liegt auf ihrem Bett und liest. Paul schiebt sich einen Gartenstuhl unter das Fenster und steigt in ihr Zimmer.
Auf leisen Sohlen geht er zum Bett.
Als er hinter ihr steht, ruft er plötzlich: „Pengpeng! Du bist gefangen. Los aufstehen und mitkommen!"
Annika zuckt vor Schreck zusammen, dann schreit sie: „Du spinnst wohl, du Brüllaffe! Hör auf hier rumzuschleichen! Los raus aus meinem Zimmer mit deinem blöden Pengpeng."
Sie fasst Paul am Ärmel und zieht ihn auf den Flur. Dann wirft sie die Tür hinter sich zu.
Paul schleicht zum nächsten Zimmer. Die Tür steht offen und er sieht Baby Timo, das friedlich am Schnuller nuckelt und seinen Mittagsschlaf hält.
„Babys gefangen nehmen macht keinen Spaß", denkt Paul, „die brüllen zu laut."
Ein Zimmer weiter sitzt Mama am Tisch und trinkt ihren Kaffee.
Paul nähert sich ihr von hinten und schreit: „Pengpeng, piffpaff, du bist meine Gefangene und musst mitkommen."

Vor Schreck lässt Mama die Tasse auf den Tisch knallen.
„Paul, was soll das?“, sagt sie verärgert. „Kannst du nicht mal was anderes spielen als Anschleichen und Rumknallen? Komm setz dich zu mir und mal ein Bild.“
Aber Paul hat keine Lust zu malen. Beleidigt setzt er sich auf die Treppe. Alle meckern nur an ihm rum, dabei kann er sich so toll anschleichen. Keiner hatte ihn bemerkt.
Auf einmal hört er einen Schrei aus Annikas Zimmer.

Mit erhobenem Stöckchen stürzt Paul zu ihr. „Wo ist der Feind, wen soll ich besiegen?“
„Hör auf mit dem Gequatsche. Das Meerschweinchen ist abgehauen, es rennt im Garten herum. Hoffentlich läuft Berli nicht auf die Straße.“
„Mir nach!“, ruft Paul und steigt aus dem Fenster.
Annika kommt hinterher und zusammen suchen sie den ganzen Garten ab.
Vergeblich.
Berli ist nicht zu finden.

Auch Mama hilft mit und versucht Annika zu trösten, die schon richtig verzweifelt ist.
Auf einmal entdeckt Paul das Meerschweinchen. Es hockt in der Hecke vor der Garage.
„Kommt her", ruft Paul leise und deutet auf Berli.
„Auweia", sagt Annika, „zwei Meter weiter und es ist auf der Straße."
„Jch fang Berli ein", flüstert Paul.
Ganz leise und vorsichtig pirscht er in Richtung Meerschweinchen.
Seine Schritte sind nicht zu hören.
Als er direkt hinter Berli steht, packt er es mit sicherem Griff.
Freudestrahlend kommt Paul mit dem Meerschweinchen im Arm zu Annika und Mama.
„Gut gemacht, Bruder Schleichfuß", sagt Annika.
Gemeinsam bringen sie Berli zurück in den Stall.
„Und jetzt?", sagt Paul und grinst Mama an. „Muss ich jetzt ein Bild malen?"
Annika lacht. „Nee, du darfst weiterschleichen."

Dina Schäfer

4. Mit allen Sinnen: Leise Mädchen, laute Jungs?

Brüllaffe und Schleichfuß

● Paul macht es viel Spaß, zuerst ganz leise zu sein und dann rumzuschreien. Doch die anderen nervt er, als er sich anschleicht und dann „Pengpeng!“ ruft.
Annika nennt Paul einen Brüllaffen und später, als er das Meerschweinchen gefangen hat, sagt sie Schleichfuß zu ihm. Eigentlich ist er ein Schleichbrüller, denn er kann beides gut.
Jungen sind gerne laut, aber Mädchen auch. Wenn die kichern oder kreischen, tut das manchmal richtig in den Ohren weh.

schleichen
wispern
flüstern
hauchen
tippeln
pfeifen
knallen
trampeln
kreischen
brüllen ...

• Mach aus diesen Wörtern Spitznamen für dich und deine Freunde. Findest du welche, die gut passen? Vielleicht heißt ja einer Tippelpfiff oder Trampelbrüller. Du kannst auch eigene Wörter erfinden.

Saras Locken

Wenn Sara Brot einkauft, sagt die Bäckersfrau oft: „Du hast aber hübsche Locken!“ Wenn Tante Helga zu Besuch kommt, nennt sie Sara einen süßen Lockenkopf. Und für Oma sieht Sara aus wie ein Engel.
Alle reden nur von meinen Locken, denkt Sara. Jch mag aber nicht süß sein und schon gar nicht aussehen wie ein Engel.
Verärgert betrachtet sie ihr Spiegelbild.

„Warum sind ausgerechnet meine Haare so doof gelockt?“, schimpft sie. „Jch will glatte Haare wie die anderen.“
„Deine Locken sind wunderschön“, sagt die Mama.
„Überhaupt nicht“, mault Sara. „Sie wachsen kreuz und quer durcheinander. Das gefällt mir nicht.“
„Jch kann deine Haare zusammenbinden“, schlägt die Mama vor.
„Nein!“, schreit Sara. „Das sieht aus wie ein Schweineschwänzchen!“
Wütend nimmt sie die rote Schildkappe und zieht sie über den Kopf.

Jetzt kringeln sich nur noch ein paar Strähnen lustig um Saras Gesicht.
So geht sie in den Kindergarten. Heute ist dort Theaternachmittag.
Sara freut sich auf das Puppenspiel, das aufgeführt wird.
Gespannt warten die Kinder, bis es losgeht. Als der Vorhang sich öffnet, klatschen alle laut. Es sind witzige Figuren, die eine freche Geschichte vorspielen. Die Kinder haben eine Menge Spaß. Auch Sara lacht und

kichert. Eine Puppe hat sie besonders ins Herz geschlossen. Sie ist pfiffig und hilft ihren Freunden aus der Patsche. Außerdem hat das Puppenmädchen so krumme Haare wie Sara.
Als ihre Lieblingsfigur den bösen Räuber in den Bauch boxt, dass er umfällt, juchzt Sara ausgelassen. Und als sie mit drei Purzelbäumen einen Berg hinunterkugelt und dem Räuber entwischt, ruft Sara begeistert: „Bravo!“
Auch die anderen Kinder schreien und trampeln mit den Füßen. Sie bewundern das Mädchen.
„Die ist Spitze“, sagt ein Junge, der neben Sara sitzt. „Und sie hat genau solche Locken wie du.“
„Stimmt“, antwortet Sara.
Der Junge schaut Sara neugierig an. „Kannst du auch so super Sachen?“, will er dann wissen.
„Klar“, sagt Sara. „Jch kann Trampolin springen. Und trommeln. Ganz laut!“

Eva Karnetzky

So seh ich aus!

- Stell dich vor den Spiegel und schau dich einmal ganz genau an. Welche Farbe haben deine Haare? Und deine Augen? Hast du große oder kleine Ohren? Einen schmalen oder einen breiten Mund?

- Nimm Buntstifte und ein Blatt Papier und male ein Bild von dir.

Im  seh ich mich.

Im Spiegel, das bin ich.

 , 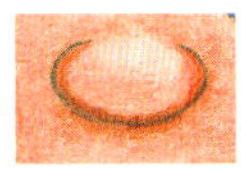 , 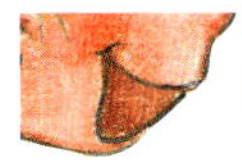 und  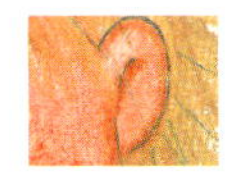 ,

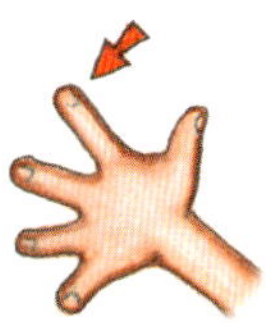 , um darin zu bohren.

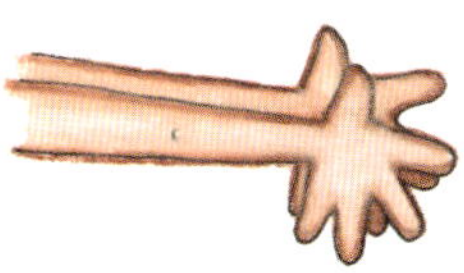 , 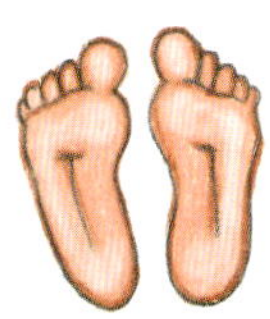 ,   , 

und des Weiteren noch meine

 , der 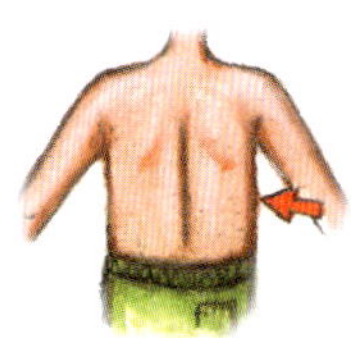 ebenso

und der  , der 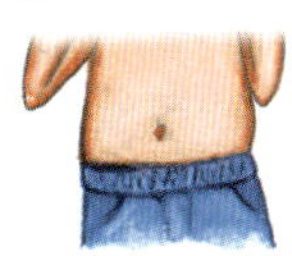 , der 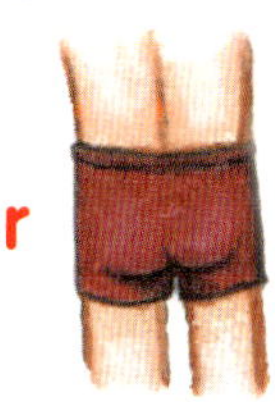 !

Dies alles und noch vieles mehr

gehört zu mir, geb ich nicht her.

Regina Schwarz

Mein Ich-Heft

● Du kannst ein Jch-Heft gestalten. Da kommen Bilder von Dingen rein, die dir wichtig sind oder die zeigen, was du gerne machst.

• Die erste Seite kannst du mit deiner Hand bedrucken. Male eine Hand mit Wasserfarbe an und drücke sie fest auf das Papier.

• Auf die nächste Seite kannst du dein Lieblingskuscheltier oder deine Lieblingspuppe malen.

• Magst du Musik? Dann kannst du auf die nächsten Seiten Bilder von deinen liebsten Jnstrumenten malen oder kleben.

• Auf den Umschlag klebst du das Bild, das du von dir gemalt hast, oder ein Foto von dir.

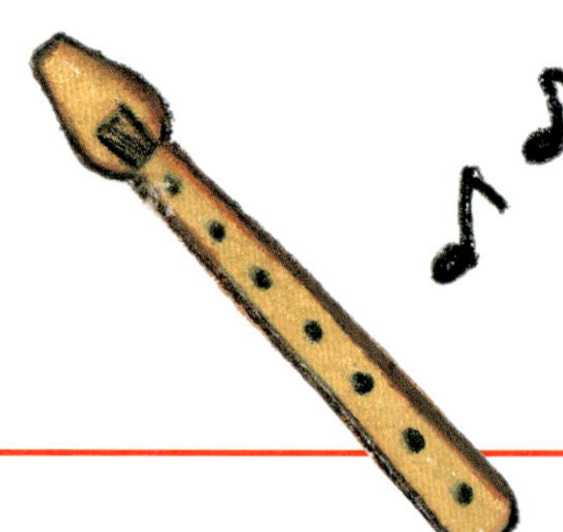

- Wenn du Tiere oder Blumen magst, kannst du schöne Bilder dazu suchen und einkleben.
- Du kannst zeigen, welcher Sport dir gefällt. Wenn du Fußball magst, kannst du einen Ball und ein Tor aus einer Zeitschrift einkleben.
- Du kannst auch zeigen, was du in den Ferien gerne machst. Wenn du gerne am Strand spielst, kannst du Muscheln und etwas Sand aufkleben und dich dazumalen.
- Und wenn du willst, dann male noch euer Haus oder dein Zimmer.

Wut im Bauch

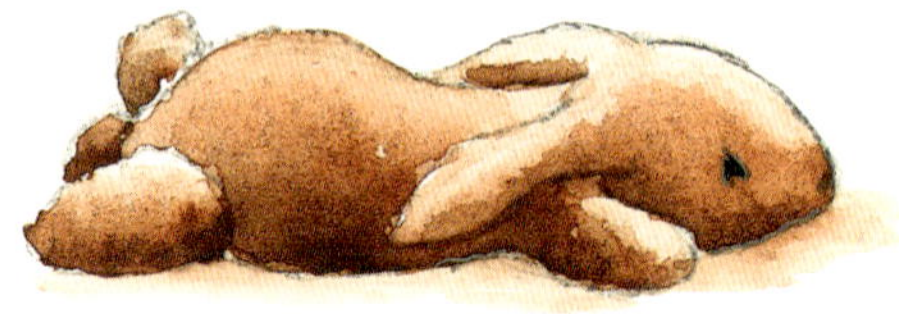

Benni baut auf dem Wohnzimmerteppich seinen Bauernhof auf. Das Bauernhaus steht schon und der Stall auch. Vorsichtig stellt er die Tiere rund herum. Die Schafherde, der Esel und die Hunde kommen auf die Weide. „Sollen die Kühe und Pferde dann vor den Stall?“, murmelt Benni. Er überlegt angestrengt.

Plötzlich fliegt mit lautem Krach die Wohnzimmertür auf. Bennis Schwester Lena stürmt ins Zimmer. Sie hält ihren Stoffhasen am Ohr und schleift ihn hinter sich her. Bevor Benni reagieren kann, ist es schon passiert: Lena hat mit ihrem Hasen den Esel umgeworfen und fast alle Schafe. Und mit ihrem Fuß stößt sie noch gegen das Bauern-

haus. Benni kommen fast die Tränen. „Das hast du mit Absicht gemacht!", schreit er und springt auf.
„Wenn du auch alles mitten in den Weg baust", antwortet Lena patzig und will weitergehen.
Da wird Benni richtig wütend. Er hält sie am Arm fest und reißt ihr den Stoffhasen aus der Hand. Zornig wirft er ihn in die Ecke. Bevor Lena etwas sagen kann, schubst Benni sie weg. Lena stolpert gegen den Tisch.
„Spinnst du?", kreischt sie laut und geht auf Benni los. Sie packt ihn an den Haaren und zerrt ihn auf den Boden. Das lässt Benni sich nicht gefallen. Er schlägt wild um sich.
Da greift Mama ein und stellt sich zwischen die zwei Streithähne. Sie hat den Lärm bis in die Küche gehört.
„Wer hat denn angefangen?", will sie wissen.
Benni zeigt mit dem Finger auf Lena. Aber Lena schüttelt energisch den Kopf.
„Das habe ich mir schon gedacht", sagt Mama seufzend. „Schade. Jch dachte, wir könnten gleich zusammen Waffeln backen. Nur – wenn ihr euch zankt, macht das keinen Spaß."
So was Dummes. Wo Lena und Benni doch begeisterte Waffelbäcker sind. Lena verschränkt trotzig die Arme vor der Brust. Und Benni hockt sich schmollend in die Ecke, wo Lenas Stoffhase liegt. Keiner sagt etwas. Nicht einmal Mama.
Doch als Lena dann sieht, wie Benni den Hasen zu sich holt, gibt sie sich einen Ruck. „'tschuldigung", nuschelt sie undeutlich.
„Was hast du gesagt?", fragt Mama.
„E n t s c h u l d i g u n g !", brüllt Lena durchs Zimmer. Grinsend schaut sie von einem zum anderen.
Da muss Mama lachen.
Benni schielt Lena versöhnlich an.
„Tut mir auch Leid." Er streicht über die weichen Hasenohren. „Und Entschuldigung, Hase", sagt er.
„Na super!" Mama freut sich und drückt die beiden an sich. „Dann ab in die Küche. Das Waffeleisen wartet schon."

Eva Karnetzky

Weg mit der Wut

● Bestimmt hast du, genau wie Benni, auch manchmal Wut im Bauch.
Wie ist das? Möchtest du dann mit den Fäusten boxen und mit den Füßen stampfen?

● Wenn du wieder wütend bist, dann bau doch mal einen Kissenberg, spring hinein, stampfe darauf und boxe. Das tut gut.

● Du kannst auch die Kissen auf den Boden oder das Bett schmeißen und dazu laut brüllen.

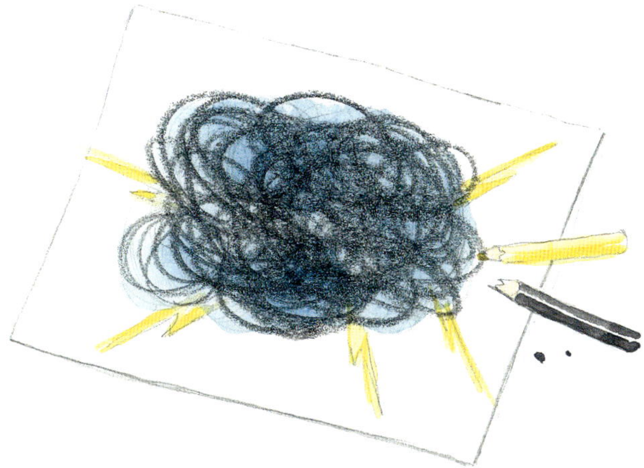

● Wenn du müde bist vom Boxen, lässt du dich in die Kissen fallen und fühlst, ob die Wut jetzt aus dem Bauch raus ist. Du kannst dazu die Augen schließen und die Hände auf den Bauch legen. So bleibst du einen Augenblick liegen, bis du ganz ruhig bist.

● Was meinst du: Wie sieht ein Bauch voller Wut aus? Du kannst Stifte oder Wasserfarben nehmen und deinen Wutbauch malen. Vielleicht ist er ganz dick und voller brüllender Löwen oder voller dunkler Wolken und Gewitterblitze. Vielleicht sieht er aber auch ganz anders aus.

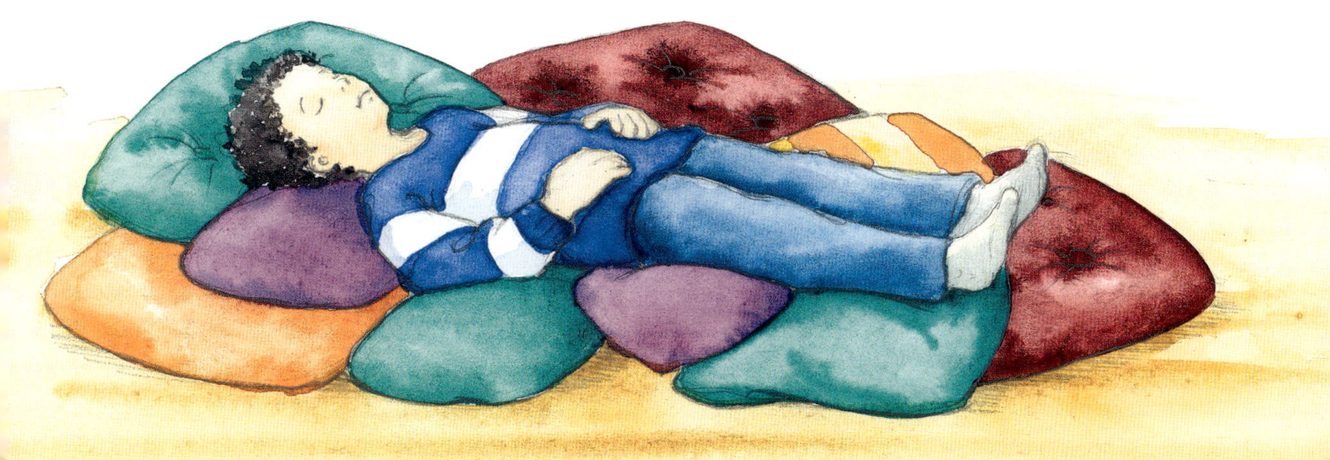

Apfel-Piraten

Tom, Lars und Florian sind heute wilde Piraten. Das Dach des Gartenhauses ist ihr Schiff. Den Proviant für die Fahrt haben die drei vom Apfelbaum der Nachbarin erbeutet. Natürlich ohne zu fragen. Wie echte Piraten.
Auf einmal steht Toms Mutter im Garten.
„Tom!“, ruft sie verärgert und hält einen angebissenen Apfel hoch.
„Jhr habt doch nicht etwa die letzten Äpfel aus Oma Krauses Garten genommen?“
Lars und Florian haben es plötzlich sehr eilig. „Also, wir ... wir müssen jetzt los“, stammeln sie, springen vom Dach des Gartenhauses und schwingen sich auf ihre Fahrräder.
„Moment.“ Toms Mutter versperrt ihnen den Weg. „Wessen Jdee war das?“
„Toms Jdee“, sagt Florian schnell und Lars nickt.
„Das stimmt nicht!“, ruft Tom von oben. „Lars hat ...“ Weiter kommt er nicht, denn seine Freunde sausen schon die Auffahrt hinunter.
„Hier ist ja wohl eine Entschuldigung bei Oma Krause angebracht“, sagt Toms Mutter und schaut den beiden Jungen kopfschüttelnd nach. „Echte Piraten stehen zu ihren Schandtaten.“

Auf einmal ist sich Tom gar nicht mehr sicher, ob er wirklich ein echter Pirat sein möchte.
Aber es hilft nichts.

Mit klopfendem Herzen und roten Ohren steht er wenig später vor Oma Krauses Haustür.
Die Türglocke schrillt in seinen Ohren wie ein Vorbote des „Donnerwetters“, das ihm bestimmt gleich droht.
„Hoffentlich ist niemand zu Hause“, denkt er ...

… aber da öffnet Oma Krause schon die Tür.
„Hallo Tom“, sagt sie freundlich.
„Was möchtest du?“
Tom bekommt keinen Ton heraus.
Er starrt verlegen zu Boden. Seine Wangen glühen und sein Herz pocht heftig.

„Also …“, sagt er langsam und dreht seinen Turnschuh auf der Fußmatte hin und her. „Jch … ich wollte … also ähm … mich entschuldigen – wegen der Äpfel. Die haben wir nämlich von Jhrem Apfelbaum gepflückt.“
„Meine Äpfel?“ Oma Krause schaut Tom stirnrunzelnd an. „Das hätte ich nicht von dir gedacht.“
Tom holt noch einmal tief Luft.
Dann erzählt er Oma Krause die ganze Geschichte von den Piraten, von dem erbeuteten Proviant und dem Taschengeld, das er mitgebracht hat, um die Äpfel zu bezahlen.
Die alte Dame hört mit ernster Miene zu und unterbricht ihn nicht.
„Etwas aus fremden Gärten klauen ist wirklich nicht schön. Aber ich finde es mutig, dass du kommst um dich zu entschuldigen.“
Oma Krause denkt nach.
„Dein Taschengeld darfst du behalten – aber du musst mir versprechen, dass du das nächste Mal fragst, wenn ihr Appetit auf meine Äpfel bekommt.“
„Versprochen!“, sagt Tom erleichtert und hebt die Hand hoch. „Großes Piratenehrenwort.“

Sabine Streufert

Schlechtes Gewissen

- Tom hatte ein flaues Gefühl im Bauch, aber er war mutig und hat bei Oma Krause geklingelt.
- Hast du schon einmal etwas angestellt und dich kaum getraut es zuzugeben? Konntest du es wieder gutmachen?

- Jeder hat schon Mist gemacht, auch deine Eltern, Tanten und Onkel. Frag sie, wie es ausging.

- Wie ist das mit einem schlechten Gewissen? Man ist zerknirscht, fühlt sich klein, will nicht gesehen werden.

- Wie läuft man mit schlechtem Gewissen herum? Probier es vor dem Spiegel aus: Wie bewegt man sich? Was für ein Gesicht macht man?

- Wie sieht es aus, wenn man Mut fasst, sich aufrichtet und Luft holt.

- Wenn man sich getraut hat, alles zuzugeben, fühlt man sich meist besser. Wie stehst du jetzt da?

Bitte sehr und danke schön

Nach einer langen Regenwoche scheint heute endlich wieder die Sonne. „Lutz und Johann, zieht eure Gummistiefel und Anoraks an“, ruft Mama. „Wir gehen auf den Spielplatz.“

Schon von weitem sieht Johann seine Freunde und rennt zum Sandkasten. Nur Lutz ist maulig. Er wäre viel lieber zu Hause geblieben. „Was soll ich denn hier? Jst doch alles matschig,

die Rutsche ist nass und in den Sandkasten geh ich ganz bestimmt nicht. Das ist Babykram“, schimpft er.
„Dann setz dich eben auf die Bank“, sagt Mama kurz. Sie hat gerade Herrn Lang, ihren Nachbarn, entdeckt. Er winkt ihr zu und steigt vom Fahrrad.

„Guten Tag. – Wie geht’s? – Lange nicht gesehen. – So ein scheußliches Wetter letzte Woche ...“
Genervt hält sich Lutz die Ohren zu und dreht den Kopf weg. Aus den Augenwinkeln sieht er, wie Johann angelaufen kommt, um Herrn Lang zu begrüßen.

Fröhlich ruft er: „Guten Tag!“ und reicht ihm die Hand.
„So ein höflicher kleiner Mann“, staunt der Nachbar.
Da zieht Mama Lutz die Hände von den Ohren. „Willst du Herrn Lang nicht auch guten Tag sagen?“, fragt sie.
„Das kannst du bestimmt genauso gut wie dein kleiner Bruder.“
„Kann ich nicht. Und will ich nicht. Keine Lust“, schreit Lutz trotzig. Er springt von der Bank und stampft wütend über den Spielplatz. „Blöden Tag, Herr Lang. Und ganz blöden Tag, blöder Johann“, grummelt er vor sich hin.
Dann hat er eine Jdee. Er läuft zur Sandkiste, krempelt sich die Anorakärmel hoch und fängt an, mit den Händen zu graben. Jmmer tiefer wird das Loch.

Als seine Arme und Hände richtig schön voll nassem Sand kleben, steht er auf und geht zurück zu den andern. Kerzengerade stellt er sich vor Herrn Lang auf, streckt ihm die sandige rechte Hand hin und sagt sehr höflich: „Guten Tag, Herr Lang."

Der sagt erst mal gar nichts. Ein paar Sekunden später ruft er: „Augenblick!" Er kramt in seiner Jackentasche und holt einen Fahrradhandschuh heraus. Den zieht er sich über und ergreift mit einem freundlichen „Guten Tag, lieber Lutz" die ausgestreckten sandigen Finger. Dann verbeugt er sich immer wieder wie ein feiner Herr und schüttelt Lutz so lange die Hand, bis fast der ganze Sand abgefallen ist.

Eva Münnich

Guten Tag! Auf Wiedersehn!

Guten Tag, auf Wiedersehn,
blablabla und wunderschön ...
Mütze in die Stirn gezogen,
um Tante Grit mach ich nen Bogen.

Die Hand bleibt in der Hosentasche,
Begrüßung auf die coole Masche.
Jch schau direkt an ihr vorbei,
Benehmen ist mir einerlei.

Guten Tag, auf Wiedersehen ...
„Darf ich Jhre Tasche nehmen?“
Mütze ab und tief gebückt,
Onkel Franz ist ganz verzückt.

Jch reiche ihm zum Gruß die Hand,
lächle freundlich, sehr galant.
Ganz nah tret ich an ihn heran:
„Wie gehts uns heute, guter Mann?“

Guten Tag!

● Jn dem Gedicht gibt es einen Begrüßungsmuffel und einen übertrieben Freundlichen. Du kannst beide Rollen mal spielen.

● Warum begrüßt man sich eigentlich?

Wir wollen dem anderen zeigen, dass wir ihn gesehen haben und ihn beachten.

- Stell dir vor, du triffst einen Freund, deinen Nachbarn oder deine Trainerin. Sie schauen dich nicht an und gehen wortlos an dir vorbei.
Wie fühlst du dich dann?
- Probier es mit einem Freund aus: Jhr trefft euch im Flur und lauft ohne Gruß aneinander vorbei.
Was denkst du über deinen Freund, wenn er nicht grüßt?

Wie geht's richtig?
Wenn Onkel Franz zu Besuch kommt:
- aufstehen
- Hände aus der Tasche
- beim Begrüßen anschauen

Man kann sich nicht für jeden eine Begrüßung ausdenken. Da müsste man immer überlegen, was passt. Darum gibt es praktische Begrüßungsworte.

Was sagt man zur Begrüßung, was zum Abschied? Guck dir die Sprechblasen an. Stimmt alles?

Bitte, danke und Entschuldigung

Nicht nur „Guten Tag“ und „Auf Wiedersehen“ sagen ist wichtig. Auch „bitte“, „danke“ und „Entschuldigung“ sind Zauberwörter. Tina kennt sie noch nicht so gut.

- Was antworten Papa und Mama wohl?
- Kennst du die Zauberwörter?
- Du kannst die Szenen mit deinen Eltern oder Freunden spielen.

● Hier sind der Bitte-Bär, der Danke-Dachs und die Ente-Schuldigung.

• Schau die fünf Bilder an.
Wozu passen Bitte-Bär,
Danke-Dachs und
Ente-Schuldigung?

Das will ich nicht!

„Heute Nachmittag kommt Tante Fanny zu Besuch. Sie bringt Äpfel aus ihrem Garten“, sagt Mama beim Mittagessen. Jonas schiebt seinen Teller weg. „Jch mag keine Äpfel von Tante Fanny“, murrt er. „Und ich will auch nicht, dass sie kommt. Jch bleib in meinem Zimmer, bis sie wieder weg ist.“
„Was ist denn jetzt los?“, fragt Mama. „Was hast du gegen Tante Fanny?“
Jonas kneift die Lippen fest zusammen und starrt böse auf seinen Teller.
„Warum magst du Tante Fanny nicht mehr?“, bohrt Mama weiter.
„Weil … eben!“, sagt Jonas trotzig.
Mama beginnt den Tisch abzuräumen. Jonas hilft, ohne ein Wort zu sagen. Danach will er in sein Zimmer verschwinden.
„Aber ‚guten Tag‘ sagst du ihr auf jeden Fall“, ruft ihm Mama hinterher. „Höflichkeit muss sein.“
Jonas knallt seine Zimmertür zu. Dann kippt er die Tonne mit den Bauklötzchen aus. Lustlos baut er Wackeltürme und lässt sie immer wieder mit Gepolter umstürzen. „Blöde Tante Fanny“, murmelt er. „Gleich kommt sie und ruft ‚Wo ist denn mein Süßer?‘ Und dann küsst sie mich auf beide Backen. „Jgitt!“ Jonas schüttelt sich. Er findet ihre Küsse eklig und nass.

Da klingelt es an der Haustür.
„Tante Fanny“, denkt Jonas erschrocken. „Schon so früh!“
Er hört, wie sich Mama und Tante Fanny draußen laut begrüßen.
Dann ruft Mama: „Jonas, kommst du bitte, Tante Fanny ist da.“
Aber Jonas rührt sich nicht. Er will nicht hinausgehen.
„Jonas!“ Mamas Stimme klingt lauter und schärfer.
Jonas' Blick fällt auf die leere Bauklötzchentonne und plötzlich hat er eine Jdee. Blitzschnell stülpt er sich die Tonne über den Kopf, dann öffnet er die Tür. „Guten Tag“, sagt er und seine Stimme klingt ganz hohl in der Tonne.
„Da ist ja mein Süßer!“, ruft Tante Fanny und stutzt. „Was hast du denn heute für einen hübschen Tonnenkopf?“
„Das ist eine Kusssperre“, tönt es empört aus der Tonne.
„Na so was“, sagt Tante Fanny überrascht. Dann überlegt sie eine Weile.
„Du magst wohl keine Küsse“, sagt sie.
„Das muss ich mir merken.“
Mama klopft vorsichtig auf die Tonne.
„Jch glaube, die kannst du abnehmen“, sagt sie. „Tante Fanny hat dich verstanden.“
Jonas linst ein bisschen unter der Tonne hervor, aber die beiden sind schon in der Küche verschwunden.
Der Nachmittag wird noch richtig schön. Jonas, Mama und Tante Fanny essen Kuchen, spielen Karten und lagern Äpfel ein.
Um fünf Uhr verabschiedet sich Tante Fanny. „Tschüss, meine Liebe“, sagt sie zu Mama und umarmt sie herzlich.
Sie beugt sich zu Jonas hinunter. Da zieht er ganz schnell wieder die Tonne über den Kopf. „Kusssperre – nicht vergessen!“, sagt er und kichert.

Dina Schäfer

Das Stopp-Spiel

● Jonas hat es nicht leicht: Er will nicht, dass Tante Fanny ihn umarmt und küsst. Obwohl er sie mag und gern mit ihr spielt. Darum will er sie auch nicht beleidigen.
Kennst du das auch? Du magst jemanden, aber möchtest nicht, dass er dir zu nahe kommt?

● Jonas hat eine Kusssperre aufgesetzt. Es gibt verschiedene Möglichkeiten zu sagen: Bis hierher und nicht weiter! Du kannst das in einem Spiel mit einem Freund oder einer Freundin ausprobieren:

- Stellt euch mit großem Abstand einander gegenüber auf. Wenn du beginnst, rufst du: „Komm her." Der andere macht sich Schritt für Schritt auf den Weg, bis du rufst: „Stopp!" Du wartest einen Moment und sagst: „Weiter." Lass deinen Freund so nahe herankommen, wie du magst. Dann tauscht ihr die Rollen.
- Jm zweiten Durchgang spielt ihr ohne Worte und verständigt euch mit Händen.
- Danach geht ihr nicht langsam auf den anderen zu, sondern schnell. Jhr dürft jetzt nur einmal stopp rufen und dazu mit den Händen stopp zeigen.
- Beim nächsten Mal spielt ihr ohne Hände und ohne Stimme. Wie stellt ihr euch hin, um stopp zu zeigen?

Das Begrüßungs-Spiel

Jonas Mama sagt: „Höflichkeit muss sein." Aber was ist höflich und was ist unhöflich?
Macht dazu ein Begrüßungsspiel.

- Einer geht vor die Tür und klopft.
Du öffnest und begrüßt den Besucher besonders herzlich. Es ist ein sehr guter Freund, der von einer langen Reise zurückgekehrt ist.
- Als nächstes klopft jemand an die Tür, den du gar nicht magst. Wie kannst du trotzdem höflich zu ihm sein?

- Dann klopft einer, den du nicht kennst. Wie begrüßt du diesen Besucher?
- Wer könnte noch an die Tür klopfen? Wie verhältst du dich?
Du kannst auch einen Besucher mal ganz unhöflich begrüßen.

Was Hans sich traut

Ja, der Hans, der traut sich was,
heute dies und morgen das:
Springt vom Einer, springt vom Dreier,
balanciert sechs rohe Eier.
„Pipileicht", sagt Hans zum Franz.
Leider klappt es nicht so ganz.
„Hab ich mir doch gleich gedacht!",
sagt der Franz zum Hans und lacht.

Ja, der Hans, der traut sich was,
heute dies und morgen das:
Fasst zwei fette Spinnen an,
weil er Spinnen zähmen kann.
„Pipileicht", sagt Hans zum Franz.
Leider klappt es nicht so ganz.
„Hab ich mir doch gleich gedacht!",
sagt der Franz zum Hans und lacht.

Regina Schwarz

- Nimm zwei Kuscheltiere: Eines ist der Hans, der andere der Franz. Spiel mit ihnen die Geschichte der beiden Jungen.

Kuscheltier Urs hat viele Jdeen und traut sich was. Heute ist er Artist im Zirkus. Die Manege wird aufgebaut und schon kommen die Zuschauer und nehmen Platz. Zuerst kommt der dicke Bär und tanzt, dann macht die Puppe Paula einen Spagat. Alle Kuscheltiere treten auf und zeigen ihre Kunststücke.

Und jetzt ist Urs an der Reihe. Die Zuschauer halten den Atem an: Er balanciert den riesengroßen Ball – plumps fällt der Ball runter.

Wie geht es jetzt wohl weiter? Wird Urs auch ausgelacht oder gibt es in deinem Kuscheltierzirkus einen anderen Schluss?

SPiELEN & LERNEN

Jn der „SPiELEN & LERNEN“-Förderreihe sind bereits folgende Titel erschienen:

So bin ich – Einmalig, selbstbewusst und stark
JSBN 978-3-86613-244-3

Wohin läuft die Zeit? – Jahr und Monat, Tag und Stunde
JSBN 978-3-89858-245-2

Du und ich – Sich verstehen, sich vertragen
JSBN 978-3-89858-246-9

Wie viel ist viel? – Zählen, wiegen, messen
JSBN 978-3-89858-247-6

Fremde Länder, gute Freunde
JSBN 978-3-89858-273-5

Was mein Körper alles kann
JSBN 978-3-89858-272-8

Wer ist wie? – So sind Mädchen, so sind Jungen
JSBN 978-3-89858-284-1

Mächtig mutig! – Das Angst-weg-Buch
JSBN 978-3-89858-285-8

Mir gehts gut! – Mein Gesund-und-munter-Buch
JSBN 978-3-86613-298-6

Hast du Worte? – Spielend leicht sprechen und erzählen
JSBN 978-3-86613-299-3

Jst pupsen peinlich? – Das kinderleichte Benimm-Buch
JSBN 978-3-86613-510-9

Voll dabei! – Konzentration spielend leicht
JSBN 978-3-86613-511-6